für Theile desselben bestimmt werden, daß und inwiefern außer den in den §§ 56 und 56a aufgeführten Gegenständen und Leistungen auch noch andere Gegenstände und Leistungen auf bestimmte Dauer von dem Gewerbebetriebe im Umherziehen ausgeschlossen sein sollen. Die Anordnung ist dem Reichstage sofort, oder, wenn derselbe nicht versammelt ist, bei seinem nächsten Zusammentritt mitzutheilen. Dieselbe ist außer Kraft zu setzen, wenn der Reichstag die Zustimmung nicht ertheilt.

III Durch die Landesregierungen kann das Umherziehen mit Zuchthengsten zur Deckung von Stuten untersagt, oder Beschränkungen unterworfen werden.[2])

[1]) Bisher ist eine solche Anordnung des Bundesrathes nicht erfolgt.

[2]) Vergl. Verordnung vom 2. November 1884, das Umherziehen mit Zuchthengsten zur Deckung von Stuten betr., (Ges. u. Verordgsbl. 1884 S. 489). Demnach ist das Umherziehen mit Zuchthengsten zur Deckung von Stuten im Allgemeinen untersagt. Ausnahmsweise kann Hengstbesitzern der Gauritt in bestimmt bezeichneten Bezirken gestattet und ein Wandergewerbeschein hiezu ausgestellt werden. In diesem Falle müssen die Hengstführer außer dem Wandergewerbeschein die Körscheine stets bei sich haben und auf Verlangen den Polizeiorganen vorzeigen. Zu beachten ist hier auch noch Ziff. 8 der Minist.-Bekanntmachung vom 24. März 1887 (G.- u. V.-Bl. S. 134), wonach die Hengstbesitzer die zur Zuchtzwecken verwendeten Hengste unmittelbar vor Beginn der Deckzeit und sodann während derselben in Zwischenräumen von 14 Tagen, vom Tage der letzten Visitation an gerechnet, der Untersuchung des zuständigen beamteten Thierarztes zu unterstellen haben. Der thierärztliche Befund wird auf der zweiten Seite des Körscheines konstatirt.

§ 56c.

I Das Feilbieten von Waaren im Umherziehen in der Art, daß dieselben versteigert oder im Wege des Glückspiels oder der Ausspielung (Lotterie) abgesetzt werden, ist nicht gestattet. Ausnahmen von diesem Verbote dürfen von der zuständigen Behörde[1]) zugelassen werden.[2])

II Oeffentliche Ankündigungen des Gewerbebetriebs dürfen nur unter dem Namen des Gewerbetreibenden mit Hinzufügung seines Wohnortes erlassen werden. Wird für den Gewerbebetrieb eine Verkaufsstelle benutzt, so muß an derselben in einer für Jedermann erkennbaren Weise ein den Namen und Wohnort des Gewerbetreibenden angebender Aushang angebracht werden. Dies gilt insbesondere von den Wanderlagern.[3])

[1]) Siehe bezüglich der Versteigerungen § 9 Abs. I der Verordnung vom 27. Dezbr. 1883, im Uebrigen die Verordnung vom 10. Juli 1867, die Bewilligung zur Veranstaltung öffentlicher Lotterien und Ausspielungen und zur Aufstellung von Glücksbuden an öffentlichen Orten betr., Regg.-Blatt S. 809.

[2]) Das Ausspielen von Waaren fällt nicht unter die Bestimmung des § 55 Ziff. 1, sondern stellt sich als das Feil- resp. Darbieten von Lustbarkeiten und Schaustellungen im Sinne des § 55 Ziff. 4 der Gew.-Ordg. dar (Regers Entsch. Bd. X S. 5).

Die sogenannten amerikanischen Ueberraschungen, bei welchen je gegen einen bestimmten Geldbetrag verschlossene Päckchen, in welchen theils ganz geringwerthige theils etwas werthvollere Gegenstände sich befinden, abgegeben werden, enthalten Ausspielungen beweglicher Sachen (Regers Entsch. Bd. IX S. 496).

³) Strafbestimmung in § 148 Ziff. 7b. Vergl. auch § 286 des R.=St.=G.=B. u. Regers Entsch. Bd. VII S. 443.

§ 56d.

Ausländern[1]) kann der Gewerbebetrieb im Umherziehen gestattet werden. Der Bundesrath ist befugt, die deßhalb nöthigen Bestimmungen zu treffen.[2])

¹) Ausländer sind Nichtangehörige des deutschen Reiches.

²) Siehe die Bekanntmachung des Reichskanzlers vom 31. Oktober 1883 und Anmerkung zu § 44.

§ 57.

Der Wandergewerbeschein ist zu versagen:[1])

1. wenn der Nachsuchende mit einer abschreckenden oder ansteckenden Krankheit behaftet[2]) oder in einer abschreckenden Weise entstellt ist;
2. wenn er unter Polizeiaufsicht steht;
3. wenn er wegen strafbarer Handlungen, aus Gewinnsucht, gegen das Eigenthum, gegen die Sittlichkeit, wegen vorsätzlicher Angriffe auf das Leben und die Gesundheit der Menschen, wegen vorsätzlicher Brandstiftung, wegen Zuwiderhandlungen gegen Verbote oder Sicherungsmaßregeln, betreffend Einführung oder Verbreitung ansteckender Krankheiten oder Viehseuchen, zu einer Freiheitsstrafe von mindestens drei Monaten verurtheilt ist, und seit Verbüßung der Strafe drei Jahre noch nicht verflossen sind;
4. wenn er wegen gewohnheitsmäßiger Arbeitscheu, Bettelei, Landstreicherei, Trunksucht übel berüchtigt ist;[3])
5. in dem Falle des § 55 Ziffer 4, sobald der den Verhältnissen des Verwaltungsbezirks der zuständigen Verwaltungsbehörde entsprechenden Anzahl von Personen Wandergewerbescheine ertheilt oder ausgedehnt sind (§ 60 Abs. 2).[4])

¹) Bezüglich des Rekursrechts bezw. (für Ausländer) des Beschwerderechts vergl. § 63 und Absch. II A Ziff. 11 der Bekanntmachung des Reichskanzlers vom 31. Oktober 1883.

²) Zum Nachweise der Freiheit von einer solchen Krankheit kann ärztliches Zeugniß verlangt werden. (Regers Entsch. Bd. 4 S. 380).

³) Bezüglich der Ausstellung von Wandergewerbescheinen an Zigeuner s. Minist.=Entschl. vom 5. Oktober 1889, M.=A.=Bl. S. 291.

⁴) Die Bedürfnißfrage ist allen vorkommenden Gesuchen gegenüber strengstens zu würdigen (§ 6 der M.-E. v. 4. Nov. 1881, M.=A.=Bl. S. 406).

§ 57a.

Der Wandergewerbeschein ist in der Regel zu versagen:

1. wenn der Nachsuchende noch nicht großjährig ist;[1])

2. wenn er blind, taub oder stumm ist, oder an Geistesschwäche leidet.

[1]) D. i. das 21. Lebensjahr nicht vollendet hat (Reichsgesetz vom 17. Februar 1875, R.-G.-Bl. S. 71).

§ 57b.

Der Wandergewerbeschein darf außerdem nur dann versagt werden:

1. wenn der Nachsuchende im Inlande einen festen Wohnsitz nicht hat;
2. wenn er wegen strafbarer Handlungen aus Gewinnsucht, gegen das Eigenthum, gegen die Sittlichkeit, wegen vorsätzlicher Angriffe auf das Leben und die Gesundheit der Menschen, wegen vorsätzlicher Brandstiftung, wegen Zuwiderhandlungen gegen Verbote oder Sicherungsmaßregeln, betreffend Einführung oder Verbreitung ansteckender Krankheiten oder Viehseuchen, zu einer Freiheitsheitsstrafe von mindestens sechs Wochen verurtheilt ist, und seit Verbüßung der Strafe drei Jahre noch nicht verflossen sind;
3. wenn er wegen Verletzung der auf den Gewerbebetrieb im Umherziehen bezüglichen Vorschriften im Laufe der letzten drei Jahre wiederholt bestraft ist;
4. wenn er ein oder mehrere Kinder besitzt, für deren Unterhalt und sofern sie im schulpflichtigen Alter stehen, für deren Unterricht nicht genügend gesorgt ist.[1])

[1]) Bezüglich des Mitführens von Kindern vergl. § 62 der Gew.-Ordg. u. hinsichtlich der Zurücknahme des Wandergewerbescheines aus diesem Grunde Regers Entsch. Bd. VII Seite 11.

§ 58.

Der Wandergewerbeschein kann zurückgenommen[1]) werden, wenn sich ergibt, daß eine der im § 57 Ziffer 1 bis 4, § 57a oder § 57b bezeichneten Voraussetzungen entweder zur Zeit der Ertheilung desselben bereits vorhanden gewesen, der Behörde aber unbekannt geblieben, oder erst nach Ertheilung des Scheines eingetreten ist.[2])

[1]) Vergl. § 61 Abs. III und § 63 Abs. I d. G.-Ordg., dann § 9 der Verordnung vom 27. Dezember 1883 und § 21 der M.-E. v. 4. Novbr. 1881, M.-A.-Bl. S. 425.

[2]) Im Falle der Zurücknahme des Wandergewerbescheines findet eine Rückvergütung der bezahlten Steuern und besonderen Abgaben nicht statt, Art. 13 Abs. I u. Art. 15 Ziff. 10 des Gesetzes vom 10. März 1879 und § 11 letzter Abs. der M.-E. v. 4. Nov. 1881, M.-A.-Bl. S. 413.

§ 59.

I Eines Wandergewerbescheins bedarf nicht:

1. wer selbstgewonnene[1]) oder rohe[2]) Erzeugnisse der Land-[3]) und Forstwirthschaft, des Garten- und Obstbaues, der Geflügel- und Bienenzucht, sowie selbstgewonnene Erzeugnisse der Jagd und Fischerei[4]) feilbietet;[5])[6])
2. wer in der Umgegend seines Wohnortes bis zu 15 Kilometer Entfernung von demselben selbstverfertigte Waaren, welche zu den Gegenständen des Wochenmarktverkehrs gehören,[7]) feilbietet oder gewerbliche Leistungen)[8], hinsichtlich deren dies Landesgebrauch ist, anbietet;[9])
3. wer selbstgewonnene Erzeugnisse oder selbstverfertigte Waaren, hinsichtlich deren dies Landesgebrauch ist, zu Wasser anfährt und von dem Fahrzeuge aus feilbietet;[10])
4. wer bei öffentlichen Festen, Truppenzusammenziehungen oder anderen außergewöhnlichen Gelegenheiten mit Erlaubniß der Ortspolizeibehörde die von derselben zu bestimmenden Waaren feilbietet.[11])

II Die Landesregierungen können in weiterem Umfange den Gewerbebetrieb im Umherziehen mit Gegenständen des gemeinen Verbrauchs ohne Wandergewerbeschein innerhalb ihres Gebietes gestatten.[10])

[1]) Als selbstgewonnen gelten diejenigen Waaren, welche von dem Besitzer des Grund und Bodens, auf dem die Produkte gewachsen oder erzeugt sind, bezw. von dem Unternehmer der betr. Produktion feilgeboten werden. Wer selbstgewonnene Erzeugnisse der Land- und Forstwirthschaft 2c. im Umherziehen feilbietet ist nicht auf den Verkauf roher Produkte beschränkt, er darf diese selbstgewonnenen Produkte auch im bearbeiteten Zustande feilbieten. Landmanns Gew.-Ordg. S. 263. Zu den Erzeugnissen der Land- und Forstwirthschaft sind jedoch solche Gegenstände nicht zu rechnen, welche eine, die herkömmlichen Grenzen der land- und forstwirthschaftlichen Thätigkeit überschreitende fabrik- oder handwerksmäßige Be- oder Verarbeitung erfahren haben, z. B. Mehl, Holzwaaren, aus selbstgewonnenen Tabakblättern bereitete Cigarren u. dgl.

Hinsichtlich der Besteuerung vergl. Art. 1 Ziff. 1 des Gesetzes vom 10. März 1879, § 2 der Vollzugsvorschriften hiezu und Ziff. 2 der Minist.-Bekanntmachung vom 8. Febr. 1885. Demnach unterliegt der Steuer nach dem allegirten Gesetze nicht, wer selbstgewonnene Erzeugnisse der Land- und Forstwirthschaft, des Garten- und Obstbaues, der Jagd und des Fischfanges und der Geflügel- und Bienenzucht im Umherziehen feilbietet, bezüglich der Erzeugnisse der Geflügel- und Bienenzucht jedoch nur dann, wenn deren Gewinnung mit dem Betriebe der Landwirthschaft oder auch (bei Erzeugnissen der Bienenzucht) mit dem Betriebe des Gartenbaues verbunden wird. — Ob ein Land- oder Forstwirth, ein Gärtner 2c. seine selbstgewonnenen Erzeugnisse in eigener Person feilbietet oder für seine Rechnung durch einen von ihm Beauftragten, einen Angehörigen oder Diener feilbieten läßt, macht in steuerlicher Hinsicht keinen Unterschied, wohl aber hinsichtlich der Gewerbspolizei, weil der Beauftragte — wenn diese Erzeugnisse nicht zu den „rohen" zählen — eines Wandergewerbescheines bedarf. Wenn also z. B. ein Landwirth durch seine Kinder oder Dienstboten Butter oder Schmalz im Umherziehen feilbieten läßt, sind diese zwar der Steuer nicht unterworfen, müssen aber im Besitze eines Wandergewerbescheines sein.

[2]) Als rohe Erzeugnisse der Land- und Forstwirthschaft, des Garten- und Obstbaues sind zu betrachten inländische Bodenprodukte in ihrem natürlichen Zustande, d. h. wenn sie auch nicht einmal einer die herkömmlichen Grenzen der land- und forstwirthschaftlichen Thätigkeit nicht überschreitenden Bearbeitung unterzogen worden sind. Zu den rohen Erzeugnissen

der Land- und Forstwirthschaft ꝛc. sind daher nicht zu berechnen: größeres oder auch kleineres Vieh, verzuckerte, eingemachte, geröstete oder sonst zubereitete Früchte, Butter, Schmalz, Mehl, Holzwaaren.

Der Handel mit rohen aber nicht selbstgewonnenen Erzeugnissen der Landwirthschaft ꝛc. unterliegt der Steuer nach dem Gesetze vom 10. März 1879 — vergl. § 2 der Vollzugsvorschriften zu diesem Gesetze — sofern diese nicht zu den Verzehrungsgegenständen zählen, welche zu den Gegenständen des Wochenmarktes gehören, vergl. Art. 2 Ziff. 5 lit. a des allegirten Gesetzes und § 66 Abs. 1 der Gew.-Ordg.

[3]) Als Erzeugnisse der Landwirthschaft werden jene Produkte zu gelten haben, welche in landesüblicher Weise aus dem Betriebe der Landwirthschaft gewonnen werden, sohin zunächst die direkten Bodenprodukte, dann aber wohl auch die Nutzungen der im Landwirthschaftsbetriebe gehaltenen Hausthiere, wie Milch und die hieraus gewonnenen Nahrungsmittel — Butter, Schmalz ꝛc. — ferner Eier. Nicht hieher werden dagegen zu zählen sein die Erzeugnisse der Viehzucht als solcher, sohin alle Arten von Vieh — natürlich vorbehaltlich der in dieser Ziffer noch ausdrücklich zugelassenen Ausnahmen — (Geflügel, Bienen), und ebensowenig die ausländischen Bodenprodukte, wie Citronen. Regers Gew.-Ordg. S. 96.

Ueber den Verkehr mit Milch siehe die oberpolizeil. Vorschrift vom 15. Juli 1887, Gesetz- und Verordgsblatt. Seite 367.

[4]) Wer rohe, aber nicht selbstgewonnene Erzeugnisse der Jagd und Fischerei feilbietet, bedarf eines Wandergewerbescheines und unterliegt der Hausirsteuer. Der Jagdinhaber (Pächter) oder Fischereiberechtigte darf daher Wild oder Fische nicht durch andere Personen — auch nicht Dienstboten, Familienangehörige ꝛc. — im Umherziehen ohne Wandergewerbeschein verkaufen lassen; bezüglich der Steuer in diesem Falle vergl. § 2 Ziff. III der Minist.-Bekanntmachung vom 16. März 1879.

Vierzehn Tage nach dem Eintritte der Hegezeit darf kein Wild, gleichviel ob es vom In- oder Auslande kommt, zum Verkaufe gebracht werden. Dieser Termin kann für den Absatz des Wildprets auf Verlangen des Besitzers von der Distriktspolizeibehörde auf weitere 14 Tage verlängert werden, wenn beim Schluße der Schußzeit ein großer Vorrath noch vorhanden und diese Thatsache genügend nachgewiesen ist (§ 11 der Kgl. Verordnung v. 5. Oktob. 1863, polizeiliche Vorschriften über Ausübung und Behandlung der Jagden betr., Regg.-Bl. S. 1657).

Hinsichtlich des Verkaufsverbotes der Fische während der Schonzeit vergl. die Bestimmungen in der Landesfischereiordnung vom 4. Dezember 1884 (G. Verordgs.-Bl. S. 459).

[5]) Zum Ankauf der in Ziff. 1 erwähnten Artikel zum Wiederverkauf ist ein Wandergewerbeschein (§ 55 Abs. I Z. 2) bezw. eine Legitimationskarte (§ 44a) erforderlich.

[6]) Bezüglich des Eintritts in fremde Wohnungen und des Betretens fremder Häuser und Gehöfte zur Nachtzeit vergl. § 60c Abs. II u. III und bezügl. des Gewerbebetriebs Minderjähriger § 60b Abs. II.

[7]) Was zu den Gegenständen des Wochenmarktverkehres gehört, bestimmt § 66 der Gew.-Ordg. Die Gegenstände, deren Vertrieb wandergewerbescheinfrei sein soll, müssen an den Orten, an welchen sie zum Verkaufe gebracht werden, zu den Wochenmarktartikeln gehören (Reger 3 S. 349).

[8]) Hierunter zählt auch das Feilbieten auf fremden Boden bezw. an Wegen gesammelter, wild wachsender Beeren und Blumen (Regers Entsch. Bd. IX S. 17).

[9]) Das Feilbieten muß von dem Verfertiger der Waaren *in eigener Person* erfolgen und ist steuerfrei (Art. 2 Ziff. 5 lit. a des Gesetzes vom 10. März 1879).

Vergl. § 60c Abs. II u. III und 60b Abs. II.

[10]) Hinsichtlich des Begriffes „selbstgewonnene" und „selbstverfertigte" vergl. Anmerkg. zu Ziff. 1 und 2 und bezüglich der Steuerfreiheit Art. 2 Ziff. 4 des Gesetzes vom 10. März 1879.

[11]) Diese Erlaubniß ist für eine bestimmte Zeit, einen bestimmten Ort und für bestimmte Gegenstände zu ertheilen; auf Gegenstände, welche vom Feilbieten im Umherziehen ausgeschlossen sind (§ 56), darf sich diese Erlaubniß nicht erstrecken. Bezüglich des Feilbietens von geistigen Getränken s. § 56 Abs. II Ziff. 1 der Gew.-Ordg. und hinsichtlich der Steuerfreiheit Art. 2 Ziff. 3 des Gesetzes vom 10. März 1879.

[12]) Bisher ist eine diesbezügliche Kgl. Allerhöchste Verordnung nicht erlassen worden

§ 59a.

In den Fällen des § 59 Ziffer 1 bis 3 kann der Gewerbebetrieb untersagt werden,[1]) wenn die Voraussetzungen des § 57 Ziffer 1 bis 4 vorliegen.

[1]) Vergl. § 9 Abs. I der Verordnung vom 27. Dezember 1883 und § 63 der Gew.-Ordg.

§ 60.

I Der Wandergewerbeschein wird für die Dauer des Kalenderjahres ertheilt,[1]) er berechtigt den Inhaber, in dem ganzen Gebiete des Reichs[2]) das bezeichnete Gewerbe nach Entrichtung der darauf haftenden Landessteuern[3]) zu betreiben.[4]) Soweit nach § 56 Ziffer 1 das Feilbieten von geistigen Getränken im Falle besonderen Bedürfnisses vorübergehend gestattet wird, ist die räumliche und zeitliche Beschränkung dieser Erlaubniß im Wandergewerbeschein anzugeben.

II Ein Wandergewerbeschein für den Betrieb der im § 55 Ziffer 4 bezeichneten Gewerbe gewährt die Befugniß zum Gewerbebetrieb in einem anderen, als dem Bezirke derjenigen Verwaltungsbehörde, welche ihn ausgestellt hat, nur dann, wenn er auf den anderen Bezirk von dessen Verwaltungsbehörde ausgedehnt ist.[5]) Sowohl die Ausstellung als auch die Ausdehnung eines derartigen Wandergewerbescheins kann für eine kürzere Dauer, als das Kalenderjahr, oder für bestimmte Tage während des Kalenderjahres erfolgen. Die Ausdehnung ist zu versagen, sobald für die den Verhältnissen des Bezirks entsprechende Anzahl von Personen Wandergewerbescheine bereits ausgestellt oder ausgedehnt sind.[6])

III Die Verwaltungsbehörde kann die von ihr bewilligte Ausdehnung nach Maßgabe des § 58 zurücknehmen.

IV Der Wandergewerbeschein enthält die Personalbeschreibung des Inhabers und die nähere Bezeichnung des Geschäftsbetriebes. Das Formular der Wandergewerbescheine bestimmt der Bundesrath.[7])

[1]) Bezügl. der Zuständigkeit vergl. § 61 der Gew.-Ordg. und § 9 Abs. I der Verordnung vom 27. Dezember 1883.

[2]) Zum Hausirhandel im Grenzzollbezirk ist die Erlaubniß des k. Hauptzollamtes erforderlich, vergl. Anmerkung zu § 5. Ausländer dürfen ihr Gewerbe im Umherziehen nur in dem Bezirke derjenigen Behörde betreiben, welche den Wandergewerbeschein ertheilt hat. Zu dem Gewerbebetriebe in einem anderen Bezirke ist die Ausdehnung des Wandergewerbescheines erforderlich; vergl. Absch. II A insbesondere Ziff. 6 und 8 der Bekanntmachung des Reichskanzlers vom 31. Oktober 1883.

[3]) Landessteuern in diesem Sinne sind:

a) die Steuer nach dem Gesetze vom 10. März 1879 über die Besteuerung des Gewerbebetriebs im Umherziehen,
b) die besonderen Abgaben nach § 22 der Verordnung vom 4. Dezbr. 1872,
c) die Kreis-, Distrikts- und Gemeindeumlagen, von welchen die ersten gleichzeitig mit der Steuer vom Rentamte erhoben werden.

Personen, welche in Bayern einen Wohnsitz nicht haben, müssen sich vor der Ausstellung oder Ausdehnung des Wandergewerbescheines über die Entrichtung der Distrikts- und Gemeindeumlagen ausweisen (§ 9 der M.-E. v. 4. November 1881, M.-A.-Bl. S. 409).

Hinsichtlich des Ortes der Umlagenpflicht siehe die Minist. Bekanntmachung vom 1. Febr. 1882, M.-A.-Bl. Seite 74.

Bezüglich des Verfahrens bei einem Gesuche um gebühren- und abgabenfreie Ausstellung eines Wandergewerbescheines vergl. Bl. f. adm. Praxis Bd. XXX S. 213.

[4]) Der Gewerbebetrieb der Hausirer kann durch Polizeiverordnungen im Sinne des § 366 Ziff. 10 des R.-St.-G.-B. beschränkt werden (Regers Entsch. Bd. VII S. 355).

[5]) Strafbestimmung zu Abs. I in § 148 Abs. 7c — bezügl. der Steuer s. § 148 Abs. II der Gew.-Ordg. und Art. 16 des Gesetzes vom 10. März 1879, hinsichtlich der besonderen Abgaben Art. 28 des bayer. Gewerbsgesetzes vom 30. Januar 1868.

[6]) Bezüglich der ortspolizeilichen Erlaubniß s. § 60a.

[7]) S. Bekanntmachung des Reichskanzlers vom 31. Oktober 1883 und Minist.-Entschl. vom 13. Dezbr. 1883. Die Formulare werden vom Taxamt der k. Kreisregierung kostenfrei abgegeben.

§ 60a.

Wer die im § 55 Ziffer 4 bezeichneten Gewerbe[1]) an einem Orte von Haus zu Haus oder auf öffentlichen Wegen, Straßen, Plätzen oder an anderen öffentlichen Orten[2]) ausüben will, bedarf der vorgängigen Erlaubniß der Ortspolizeibehörde.[3])

[1]) Der § 60a behandelt — wie Titel III der Gewerbeordnung überhaupt — nur den Gewerbebetrieb im Umherziehen; bezügl. des stehenden Gewerbebetriebes vergl. § 33b.

[2]) z. B. Wirthschaften.

[3]) Die Ortspolizeibehörde kann die Erlaubniß von Bedingungen abhängig machen, auf bestimmte Zeit oder in jederzeit widerruflichen Weise ertheilen oder ganz versagen. Derartige Beschlüsse der Ortspolizeibehörde unterliegen gemäß Art. 162 und 186 des Gebührengesetzes einer Gebühr von 1 M. Beschwerden gegen solche polizeiliche Verfügungen sind an die vorgesetzte Aufsichtsbehörde zu richten (Art 156 Abs. III der Gemd.-Ordg.) und an eine Rekursfrist nicht gebunden. Das Verfahren ist gebührenfrei.

§ 60b.

I Minderjährigen Personen kann in dem Wandergewerbescheine die Beschränkung auferlegt werden,[1]) daß sie das Gewerbe nicht nach Sonnenuntergang, und minderjährigen Personen weiblichen Geschlechts kann außerdem die Beschränkung auferlegt werden, daß sie dasselbe nur auf öffentlichen Wegen, Straßen und Plätzen, nicht aber von Haus zu Haus betreiben dürfen.

II Desgleichen kann von der Ortspolizeibehörde minderjährigen Personen verboten[2]) werden, daß sie innerhalb des Polizeibezirks die im § 59 Ziffer 1 und 2 angeführten Gegenstände nach Sonnenuntergang, und minderjährigen Personen weiblichen Geschlechts, daß sie dieselben Gegenstände von Haus zu Haus feilbieten.[3])

[1]) Bezüglich der Zuständigkeit vergl. § 9 Abs. I der Verordnung vom 27. Dezbr. 1883 und hinsichtlich der Beschwerdeführung § 63 Abs. II der Gew.-Ordg.

[2]) Dieses Verbot muß nicht ein generelles sein, es kann diese Beschränkung vielmehr auch einzelnen minderjährigen Personen auferlegt werden. Eine solche Verfügung kann gemäß § 63 Abs. II der Gew.-Ordg. nur im Wege der Beschwerde an die unmittelbar vorgesetzte Aufsichtsbehörde angefochten werden.

[3]) Strafbestimmung zu Abs. I in § 148 Ziff. 7c, zu Abs. II in § 148 Ziff. 7b.

§ 60c.

I Der Inhaber eines Wandergewerbescheins ist verpflichtet, diesen während der Ausübung des Gewerbebetriebes bei sich zu führen, auf Erfordern der zuständigen Behörden oder Beamten[1]) vorzuzeigen und, sofern er hierzu nicht im Stande ist, auf deren Geheiß den Betrieb bis zur Herbeischaffung des Wandergewerbescheins einzustellen. Auf gleiches Erfordern hat er die von ihm geführten Waaren vorzulegen.

II Zum Zwecke des Gewerbebetriebes ist ohne vorgängige Erlaubniß der Eintritt in fremde Wohnungen,[2]) sowie zur Nachtzeit[3]) das Betreten fremder Häuser und Gehöfte nicht gestattet.[4])

III Denselben Bestimmungen — Absatz 2 — unterliegt das Feilbieten der im § 59 Ziffer 1 und 2 aufgeführten Gegenstände.[5])

[1]) Zuständig sind alle Polizeibehörden und deren Vollzugs- und Controlorgane. Gewerbetreibende, welche Druckschriften, andere Schriften oder Bildwerke im Umherziehen feilbieten, haben außerdem das Druckschriftenverzeichniß (§ 56 Abs. 4) und soferne der Gewerbebetrieb auf öffentlichen Wegen, Straßen, Plätzen, oder an anderen öffentlichen Orten ausgeübt werden will, den ortspolizeilichen Erlaubnißschein (§ 43) mit sich zu führen und bezw. vorzuzeigen. Vergl. auch § 18 der Minist.-Bekanntmachung vom 16. März 1879, den Vollzug des Gesetzes vom 10. März 1879 über die Besteuerung des Gewerbebetriebs im Umherziehen betr.

[2]) Das Eintreten in das Haus ist dem Hausirer bei Tage erlaubt, er darf aber nicht ohne Weiteres in die Wohnungsräume treten, sondern hat sich darüber zu vergewissern, daß ihm der Eintritt in die Wohnung u. s. w. gestattet werde; er hat sich also durch Klingeln, Anklopfen, Rufen oder wie sonst immer bemerklich zu machen und abzuwarten, ob ihm durch Oeffnen der Thüre, Zuruf des „Herein" oder in anderer Weise der Eintritt in die Wohnung u. s. w. gestattet werde; solange ihm eine derartige Erlaubniß nicht ertheilt ist, hat er vor der Thüre zu bleiben und nicht eigenmächtig in die Wohnräume einzutreten. Wer als Hausirer eine Wohnung oder ein Gehöft betritt, zu welchem der Zutritt ihm durch Anschlag oder sonstige Kundmachung verboten ist, macht sich eines nach § 123 des R.-St.-G.-B. strafbaren Hausfriedensbruches schuldig. Landmanns Gew.-Ordg. S. 273.

[3]) Die Nachtzeit beginnt mit dem Eintritte der Dunkelheit nach Sonnenuntergang.

[4]) Der Hausirhandel an Sonn- und Feiertagen unterliegt den nämlichen zeitlichen Beschränkungen, welchen der stehende Gewerbebetrieb über den Ladenschluß unterworfen ist (K. Allerh. Verordg. v. 4. August 1883, G.- u. V.-Bl. S. 393).

[5]) Strafbestimmung zu Abs. I in § 149 Z. 2 u. Ziff. 4, zu Abs. II u. III in § 148 Ziffer 7b.

§ 60d.

I Der Wandergewerbeschein darf einem Anderen nicht zur Benutzung überlassen werden.

II Wer für einen Anderen ein Gewerbe im Umherziehen zu betreiben beabsichtigt, unterliegt für seine Person den Bestimmungen dieses Gesetzes.

III Wenn mehrere Personen die im § 55 Ziffer 4 bezeichneten Gewerbe in Gemeinschaft mit einander zu betreiben beabsichtigen, so kann auf ihren Antrag ein gemeinsamer Wandergewerbeschein für die Gesellschaft als solche ausgestellt werden, in welchem jedes einzelne Mitglied aufzuführen ist. Werden für die einzelnen Mitglieder besondere Wandergewerbescheine ausgestellt, so kann in die letzteren ein Vermerk aufgenommen werden, nach welchem dem Inhaber der Gewerbebetrieb nur im Verbande einer bestimmten Gesellschaft, oder einer Gesellschaft überhaupt, gestattet sein soll.[1])

IV Umherziehenden Schauspielergesellschaften wird der Wandergewerbeschein nur dann ertheilt, wenn der Unternehmer die im § 32 vorgeschriebene Erlaubniß besitzt. In dem Wandergewerbeschein für den Unternehmer einer Schauspielergesellschaft ist ausdrücklich zu vermerken, daß der Gewerbetreibende als Unternehmer auftreten will.

[1]) Vergl. § 17 der Minist.=Entschl. vom 4. November 1881 (M.=A.=Bl. Seite 420) und Ziff. 2 der Minist.=Entschließung vom 13. Dezember 1883 (M.=A.=Bl. S. 394). Ersterer bestimmt in Abs. II:

„In dem für den einzelnen Gewerbetreibenden ausgefertigten Wandergewerbeschein sind Vormerke, welche den Wandergewerbeschein auf die Ausübung in einem Gesellschaftsverbande beschränken, beispielsweise der Vermerk: „als Mitglied einer Musik= (Schauspiel=) Gesellschaft" oder als „Mitglied der Musikgesellschaft des N. N." auf der ersten Seite des Formulars A in den für die nähere Angabe des beabsichtigten Gewerbebetriebs vorbehaltenen Raum einzutragen. In den für Gesellschaften ausgefertigten gemeinsamen Legitimationsscheinen ist an der gleichen Stelle der Vormerk „als Unternehmer einer Musik= (Schauspiel= rc.) Gesellschaft, welche aus den auf Blatt 2 bezeichneten Mitgliedern besteht," vorzutragen und auf dem zweiten Blatte des Formulars A (nicht in dem für die Bezeichnung der Begleiter bestimmten Raume) ein Verzeichniß der Mitglieder nach Namen und Personenbeschreibung zu geben."

§ 61.

I Die Ertheilung[1]) des Wandergewerbescheins erfolgt durch die für den Wohnort oder Aufenthaltsort des Nachsuchenden zuständige höhere Verwaltungsbehörde.[2]) Die Verwaltungsbehörde des Aufenthaltsorts kann den Nachsuchenden an die Behörde seines Wohnorts verweisen.[3])

II In dem Falle des § 55 Ziffer 4 erfolgt die Ertheilung des Wandergewerbescheins durch die höhere Verwaltungsbehörde, in deren Bezirke das Gewerbe betrieben werden soll.

III Die Zurücknahme des Wandergewerbescheins erfolgt durch die für den Wohnort oder Aufenthaltsort des Inhabers zuständige höhere Verwaltungsbehörde.

[1]) Wenn glaubhaft nachgewiesen wird, daß ein Wandergewerbeschein verloren, vernichtet oder unbrauchbar geworden ist, so kann die Ertheilung einer neuen Ausfertigung desselben gegen Ersatz der Auslagen einschließlich der etwaigen Amortisationskosten verlangt werden (§ 20 der M.=E. vom 4. November 1881, M.=A.-Bl. S. 425).

[2]) Hinsichtlich der Zuständigkeit vergl. § 9 der Verordnung vom 27. Dezember 1883. Wer die Ausstellung eines Wandergewerbescheines wünscht, hat, falls er ein Ausländer ist oder einen Wohnsitz in Bayern nicht hat, persönlich vor der zuständigen Behörde zu erscheinen. Die Ertheilung von Wandergewerbescheinen im Korrespondenzwege ist daher an solche Personen unstatthaft. Reichsangehörige dagegen, deren Wohnsitz sich in Bayern befindet, können das Gesuch um Ausstellung eines Wandergewerbescheines durch Vermittelung der Gemeindebehörde ihres Wohnsitzes einbringen. Wird dem Gesuche stattgegeben, so ist dem Nachsuchenden der Wandergewerbeschein durch die Gemeindebehörde zustellen zu lassen, welche gleichzeitig für die Beifügung der Personalbeschreibung und Unterschrift des Empfängers, sowie für die Beglaubigung der letzteren Sorge zu tragen hat. § 15 der Minist.=Entschl. v. 4. November 1881, M.=A.=Bl. S. 417.

Reichsangehörige, welche die Ausstellung eines Wandergewerbescheines nachsuchen haben, soferne nicht ihre persönlichen Verhältnisse ohnehin genügend amtsbekannt sind, ihr Gesuch mit einem Zeugniß der Gemeinde= bezw. Ortspolizeibehörde zu belegen, welches über ihr Alter sowie darüber Aufschluß gibt, ob nicht einer der gesetzlichen Versagungsgründe vorliegt. Dieses Zeugniß ist von der Behörde des Ortes auszustellen, in welcher der Nachsuchende seinen Wohnsitz hat. Gehört dieser Ort nicht zu dem Verwaltungsbezirk der Behörde, bei welcher der Wandergewerbeschein nachgesucht wird, so kann die Beglaubigung des Zeugnisses durch die vor=

gesetzte Stelle oder Behörde gefordert werden. Das Zeugniß darf nicht über 3 Monate alt sein. Ist der Nachsuchende bereits im Besitze eines giltigen Wandergewerbescheines für das nächstvorhergegangene Kalenderjahr, so genügt in der Regel die Bestätigung der Gemeinde- bezw. Ortspolizeibehörde, daß seit der Ausstellung des früheren Zeugnisses keine Aenderung der in Betracht kommenden thatsächlichen Verhältnisse bei dem Gesuchsteller eingetreten ist. Die Zeugnisse sind im Falle der Ertheilung des Scheins bei den Akten zu behalten (§ 7 der M.-E. vom 4. November 1881, M.-A.-Bl. S. 407).

Ausländer haben

1) einen Paß oder Heimatschein, dessen Giltigkeitsdauer noch nicht abgelaufen ist und aus welchem sich neben der Heimatsangehörigkeit das Alter des Nachsuchenden ergibt,
2) ein durch die Gesandtschaft oder das Konsulat beglaubigtes, nicht über 6 Monate altes Zeugniß ihrer Heimatbehörde darüber, daß gegen den Betreffenden nichts Nachtheiliges vorliegt, beizubringen; an Stelle dieses Zeugnisses haben Ausländer, welche im Reichsgebiete ihren Wohnsitz haben und welche sich bereits im Besitze eines noch nicht abgelaufenen Wandergewerbescheines befinden, ein Zeugniß der Gemeinde- bezw. Ortspolizeibehörde ihres Wohnsitzes vorzulegen. Bezüglich der Aufbewahrung und Beglaubigung dieses Zeugnisses von einer inländischen Behörde gilt das oben für Reichsangehörige Gesagte (§ 8 der M.-E. vom 4. November 1881, M.-A.-Bl. S. 409).

Nach den Bestimmungen des Vertrags mit Oesterreich-Ungarn vom 25. Februar 1880 wegen Beglaubigung der von öffentlichen Behörden oder Beamten ausgestellten oder beglaubigten Urkunden (Reichs-G.-Bl. 1881 S. 4) und der hiezu erlassenen Bekanntmachg. vom 2. Febr. 1881 (Reichs-G.-Bl. S. 8) bedürfen Leumundszeugnisse, welche in Oesterreich von den k. k. Statthaltereien, Landesregierungen und Präsidien der k. k. Polizeidirektionen, dann in Ungarn von den Vizegespansämtern in den Komitaten, den Bürgermeisterämtern in den Städten mit Jurisdiktionsrecht, dem Bürgermeisteramt der freien Stadt Fiume und der Budapester Polizei-Oberhauptmannschaft ausgestellt oder beglaubigt sind, einer weiteren Beglaubigung durch ein Konsulat oder durch die k. k. österreichisch-ungarische Gesandtschaft nicht (M.-E. v. 13. Febr. 1882, M.-A.-Bl. S. 10).

[3]) Wegen Verweisung an die Behörde des Wohnortes findet ein Rekurs nicht statt.

Gegenüber den in der Gemeinde Carlsberg beheimatheten Hausirern ist von der Ermächtigung der Verweisung an den Wohnort regelmäßig Gebrauch zu machen und, wenn solche Hausirer aus Carlsberg behaupten, im diesrheinischen Bayern ihren Wohnsitz genommen zu haben, die Richtigkeit dieser Behauptung und die Zuverlässigkeit der bezüglichen gemeindlichen Zeugnisse auf's strengste zu prüfen. (M.-E. vom 21. Dezbr. 1888, M.-A.-Bl. S. 467.)

Den Wandergewerbescheinen, welche zum Betriebe von Wandergewerben außerhalb Bayerns ertheilt werden, ist von der Distriktspolizeibehörde an Stelle der denselben beigedruckten Bescheinigung über die Entrichtung der Landessteuern ein Vermerk in nachstehender Fassung beizufügen:

„Ohne Steueranlage für Bayern, da . . . (Name und Wohnort) den Gewerbebetrieb im Umherziehen in Bayern nicht auszuüben beabsichtiget."

Bei Ertheilung solcher steuerfreier Wandergewerbescheine sind die Inhaber ausdrücklich darüber zu belehren, daß sie bei Ausübung des Wandergewerbes in Bayern der Steuerpflicht nach dem Gesetze vom 10. März 1879 über die Besteuerung des Gewerbebetriebs im Umherziehen bei Vermeidung der in diesem Gesetze vorgesehenen Strafen nachzukommen haben. (M.-E. v. 20. Juli 1887 M.-A.-Bl. S. 271.)

§ 62.

I Wer beim Gewerbebetriebe im Umherziehen andere Personen von Ort zu Ort[1]) mit sich führen will,[2]) bedarf der Erlaubniß derjenigen Behörde, welche den Wandergewerbeschein ertheilt hat, oder in deren Bezirke sich der Nachsuchende befindet.[3]) Die Erlaubniß wird in dem Wandergewerbeschein unter näherer Bezeichnung dieser Person vermerkt.[4])

II Die Erlaubniß ist zu versagen,[5]) insoweit bei ihnen eine der im § 57 bezeichneten Voraussetzungen zutrifft; außerdem darf dieselbe nur dann versagt werden, insoweit eine der im § 57a und § 57b bezeichneten Voraussetzungen vorliegt.[6]) Die Zurücknahme der Erlaubniß erfolgt nach Maßgabe des § 58 durch eine für deren Ertheilung zuständige Behörde.

III Die Mitführung von Kindern unter vierzehn Jahren zu gewerblichen Zwecken ist verboten.[7]

IV Die Erlaubniß zur Mitführung von Kindern, welche schulpflichtig[8] sind, ist zu versagen und die bereits ertheilte Erlaubniß zurückzunehmen,[9] wenn nicht für einen ausreichenden Unterricht der Kinder gesorgt ist.

V Die Erlaubniß zur Mitführung von Kindern unter vierzehn Jahren kann versagt und von der für die Ertheilung derselben zuständigen Behörde zurückgenommen werden.[10] Dasselbe gilt von der Erlaubniß zur Mitführung von Personen anderen Geschlechts mit Ausnahme der Ehegatten und der über vierzehn Jahre alten eigenen Kinder und Enkel.[11][12]

[1]) Die Annahme von Hilfskräften an einem einzelnen Orte, z. B. zur Erbaunng einer Bude, zur Verstärkung eines Zuges durch die Straßen 2c., erfordert keine Erlaubniß.

[2]) Es ist nicht nothwendig, daß die Begleiter zu dienstlichen Verrichtungen mitgeführt werden oder daß sie zu dem Gewerbebetriebe in irgend welcher Beziehung stehen müssen; unter „Mitsichführen" ist lediglich das Mitnehmen einer Person von Ort zu Ort zu verstehen. Auch zum Mitführen von Kindern — Säugling oder Erwachsenen ist gleichgiltig — muß die Erlaubniß erholt werden; vergl. auch Abs. III bis V.

Die Thätigkeit der Begleiter darf nur in untergeordneter Hilfeleistung — z. B. Beförderung der Waaren, Wartung des Gespanns — bestehen und sich nicht auf solche Handlungen ausdehnen, zu deren Vornahme nach § 55 ein Wandergewerbeschein nothwendig ist. Die Zulassung als Begleiter z. B. einer Musik-, Schauspieler- oder Kunstreitergesellschaft berechtigt nicht zur Mitwirkung an den Produktionen; diese Thätigkeit bildet eine Theilnahme an der Gewerbeausübung, zu der ein eigener oder ein Kollektivwandergewerbeschein (§ 60d Abs. III) nothwendig ist.

[3]) Zuständig sind die Distriktsverwaltungsbehörden — § 9 der Verordnung vom 27. Dezember 1883 —. Ausländern darf die Mitführung von Begleitern nur von derjenigen Behörde erlaubt werden, welche den Wandergewerbeschein ertheilt oder ausgedehnt hat. Absch. II A Ziff. 10 der Bekanntmachung des Reichskanzlers vom 31. Oktober 1883.

[4]) Hinsichtlich der Besteuerung der Begleiter vergl. Art. 4 Abs. II und Art. 10 des Gesetzes vom 10. März 1879.

[5]) Gegen die Versagung ist bei Inländern Rekurs nach § 63 Abs. I, bei Ausländern Beschwerde an die vorgesetzte Aufsichtsbehörde (Absch. II A Ziff. 11 der Bekanntmachung des Reichskanzlers vom 31. Oktober 1883) zulässig.

[6]) Bezüglich der Ausländer vergl. Abschn. II A Ziffer 10 Abs. II und III dann Ziff. 5 1 c.

[7]) Im Falle des Abs. III ist die Kindermitführung gesetzlich direkt verboten und nicht etwa bloß die Ertheilung der Erlaubniß zum Mitführen der Behörde untersagt. Hieraus ergibt sich die Folge, daß ein derartiges Mitführen auch für den wandergewerbescheinfreien Betrieb (§ 59) unzulässig ist — Regers Gew.-Ordg. S. 106.

[8]) Also Werktags- und Sonntagsschulpflicht. Ob die Mitführung zu gewerblichen Zwecken oder aus welch sonstigem Grunde erfolgt, ist ohne Belang.

[9]) Zuständig ist die Distriktsverwaltungsbehörde, welche die Erlaubniß ertheilt hat oder in deren Bezirk sich der Inhaber des Wandergewerbescheines aufhält (§ 62 Abs. II und 67 Abs. I der Gew.-Ordg.). Gegen die bezügliche Verfügung ist nur Beschwerde an die Aufsichtsbehörde zulässig.

[10]) Soweit die Mitführung von Kindern nicht nach Abs. III und IV verboten ist, kann dieselbe nach dem Ermessen der zuständigen Behörde gestattet oder versagt werden. Bezüglich der Zuständigkeit und der Constatirung der Erlaubniß vergl. Abs. I. Gegen die Versagung und Zurücknahme der Erlaubniß ist Beschwerde nach § 63 Abs. II zulässig.

[11]) Die Beschränkungen des Abs. II gelten aber auch bezüglich der Ehegatten und der über vierzehn Jahre alten Kinder und Enkel.

[12]) Strafbestimmung zu Abs. I, II, IV und V in § 149 Ziff. 5, zu Abs. III in § 148 Ziff. 7a.

§ 63.

I Wird der Wandergewerbeschein versagt oder zurückgenommen, oder wird die erfolgte Ausdehnung desselben zurückgenommen, so ist dies dem Betheiligten mittelst schriftlichen Bescheides unter Angabe der Gründe zu eröffnen. Gegen den Bescheid ist der Rekurs[1]) zulässig, jedoch ohne aufschiebende Wirkung. Wegen des Verfahrens und der Behörden gelten die Vorschriften der §§ 20 und 21. Dasselbe gilt von der Versagung der Genehmigung des Druckschriftenverzeichnisses (§ 56 Abs. 4), von der Untersagung des Gewerbebetriebes gemäß § 59a und der Versagung oder Zurücknahme der Erlaubniß in den Fällen des § 62 Absatz 2.

II Die in Gemäßheit des § 57 Ziffer 5 erfolgte Versagung des Wandergewerbescheins, sowie die auf Grund der §§ 60 Absatz 2, 60b und 62 Absatz 4 und 5 getroffenen Verfügungen können nur im Wege der Beschwerde an die unmittelbar vorgesetzte Aufsichtsbehörde angefochten werden.

[1]) Ausländern steht ein Rekursrecht nicht zu; vergl. Absch. II A Ziff. 11 der Bekanntmachung des Reichskanzlers vom 31. Oktober 1883.

Titel IV.

Marktverkehr.[1])

§ 64.

I Der Besuch der Messen, Jahr- und Wochenmärkte, sowie der Kauf und Verkauf auf denselben steht einem Jeden[2]) mit gleichen Befugnissen frei.[3])

II Wo jedoch nach der bisherigen Ortsgewohnheit gewisse Handwerkerwaaren, welche nicht zu den im § 66 bezeichneten Gegenständen gehören, nur von Bewohnern des Marktortes auf dem Wochenmarkte verkauft werden durften, kann die höhere Verwaltungsbehörde,[4]) auf Antrag der Gemeindebehörde, den einheimischen Verkäufern die Fortsetzung des herkömmlichen Wochenmarktverkehrs mit jenen Handwerkerwaaren gestatten, ohne auswärtige Verkäufer derselben Waaren auf dem Wochenmarkte zuzulassen.

III Beschränkungen des Marktverkehrs der Ausländer als Erwiderung der im Auslande gegen Reichsangehörige angeordneten Beschränkungen bleiben dem Bundesrathe vorbehalten.[5])

[1]) Das Gesetz unterscheidet drei Gattungen von Märkten, nämlich
a) Wochenmärkte (§ 66)
b) Messen und Jahrmärkte (§ 67) und

c) Märkte, welche bei besonderen Gelegenheiten oder für bestimmte Gattungen von Gegenständen gehalten werden, sogenannte Specialmärkte (§ 70).

Die letztgenannten Märkte sind an die Vorschriften der §§ 64 mit 69 der Gew.-Ordg. nicht gebunden.

[2]) Also auch dem Nichtgewerbetreibenden. Wer aus dem Besuche von Märkten ein Gewerbe macht, unterliegt den Bestimmungen des Titel II der Gew.-Ordg., vergl. insbesondere § 14.

[3]) Zum An- und Verkauf von Waaren auf Märkten ist sohin ein Wandergewerbeschein nicht nothwendig; auch unterliegen die Marktbesucher nicht der Steuer nach dem Gesetze vom 10. März 1879 mit Ausnahme der Ausländer, welche ohne Wohnsitz oder gewerbliche Niederlassung im Deutschen Reiche an Wochenmärkten andere als Verzehrungsgegenstände feilbieten. Diese Freiheit des Marktverkehres bezieht sich jedoch nicht auf die Ausübung der in § 55 Abs. I Ziff. 4 bezeichneten Gewerbe (§ 55 Abs. II). Ob das Anbieten gewerblicher Leistungen im Marktverkehr wandergewerbescheinfrei ist, wird bestritten, jedenfalls unterliegt dieser Gewerbebetrieb außerhalb des Wohnortes oder Gew.-Sitzes der Steuer nach dem Gesetze vom 10. März 1879.

Die Marktfreiheit beschränkt sich auf den bestimmten Marktplatz und die bestimmte Marktzeit. Wer außerhalb des Marktplatzes oder der Marktzeit Waaren feilbieten will, hat die Bestimmungen über Wandergewerbescheine 2c. zu beobachten und kann unter Umständen nicht blos gegen § 149 Ziff. 6, sondern auch gegen § 147 Ziff. 1 oder § 158 Ziff. 1 oder § 148 Ziff. 7, abgesehen von den Steuergesetzen, sich verfehlen. Landmanns Gew.-Ordg. S. 284.

[4]) Zuständig sind die Distriktsverwaltungsbehörden, in München der Magistrat, § 28 der Verordnung vom 4. Dezember 1872.

[5]) Bis jetzt hat der Bundesrath von dieser Befugniß einen Gebrauch nicht gemacht.

§ 65.

I Die Zahl, Zeit und Dauer der Messen, Jahr- und Wochenmärkte wird von der zuständigen Verwaltungsbehörde[1]) festgesetzt.

II Dem Marktberechtigten steht gegen eine solche Anordnung kein Widerspruch zu; ein Entschädigungsanspruch gebührt demselben nur dann, wenn durch die Anordnung die Zahl der bis dahin abgehaltenen Märkte vermindert wird, und eine größere Zahl ausdrücklich und unwiderruflich verliehen war. Gemeinden, welche einen Entschädigungsanspruch geltend machen wollen, müssen außerdem nachweisen, daß ihr Recht auf einen speziellen lästigen Titel sich gründet.

[1]) Vergl. § 29 der Verordnung vom 4. Dezember 1872.

§ 66.

I Gegenstände des Wochenmarktverkehrs sind:

1) rohe Naturerzeugnisse mit Ausschluß des größeren Viehs;
2) Fabrikate, deren Erzeugung mit der Land- und Forstwirthschaft, dem Garten- und Obstbau oder der Fischerei in unmittelbarer Verbindung steht, oder zu den Nebenbeschäftigungen der Landleute der Gegend gehört, oder durch Taglöhnerarbeit bewirkt wird, mit Ausschluß der geistigen Getränke;
3) frische Lebensmittel aller Art.

II Die zuständige Verwaltungsbehörde[1]) ist auf Antrag der Gemeindebehörde befugt, zu bestimmen, welche Gegenstände außerdem nach Ortsgewohnheit und Bedürfniß in ihrem Bezirk überhaupt, oder an gewissen Orten zu den Wochenmarkts-Artikeln gehören.

[1]) Vergl. § 30 der Verordnung vom 4. Dezember 1872. Bezüglich der Handwerkerwaaren s. § 64 Abs. II der Gew.-Ordg.

§ 67.

I Auf Jahrmärkten dürfen außer den im § 66 benannten Gegenständen Verzehrungsgegenstände und Fabrikate aller Art feilgehalten werden.[1])

II Zum Verkauf von geistigen Getränken zum Genuß auf der Stelle bedarf es jedoch der Genehmigung der Ortspolizeibehörde.[2])

[1]) Zum Ausspielen von Waaren ist nach § 55 und 56c der Gew.-Ordg. auch im Marktverkehr ein Wandergewerbeschein erforderlich.

[2]) Der Verkauf von geistigen Getränken zum Genuß auf der Stelle ohne diese Genehmigung qualifizirt sich für die im Gemeindebezirk Wohnenden als unbefugte Schankwirthschafts-Ausübung, für Auswärtige als verbotener Gewerbebetrieb im Umherziehen (Reger's Entsch. Bd. III S 138). Strafbestimmung in § 147 Ziff. 1 bezw. § 148 Ziff. 7 und 7a.

§ 68.

Der Marktverkehr darf in keinem Falle mit anderen als solchen Abgaben belastet werden, welche eine Vergütung für den überlassenen Raum und den Gebrauch von Buden und Geräthschaften bilden. In den Bestimmungen darüber, ob und in welchem Umfange Abgaben dieser Art erhoben werden dürfen, wird durch gegenwärtiges Gesetz nichts geändert. Ein Unterschied zwischen Einheimischen und Fremden bezüglich der Zahlung der Abgaben darf nicht stattfinden.

§ 69.

In den Grenzen der Bestimmungen der §§ 65 bis 68 kann die Ortspolizeibehörde, im Einverständniß mit der Gemeindebehörde, die Marktordnung[1]) nach dem örtlichen Bedürfniß festsetzen, namentlich auch für das Feilbieten von gleichartigen Gegenständen den Platz, und für das Feilbieten im Umhertragen,[2]) mit oder ohne Ausruf, die Tageszeit und die Gattung der Waaren bestimmen.[3])

[1]) Die Aufnahme des Verbots des sogenannten Vorverkaufs auf dem Marktplatze in die Marktordnung ist zulässig. (Reger's Entsch. Bd. VIII S. 9.)

[2]) Durch die Marktordnung kann denjenigen Personen, welche einen Wandergewerbeschein besitzen oder eines solchen zum Feilbieten im Umherziehen nicht bedürfen, das Feibieten ihrer Waaren außerhalb des Marktplatzes und der Marktzeit auch an Markttagen nicht beschränkt werden; eine solche Beschränkung des Gewerbebetriebs der Hausirer könnte diesen nur durch

Polizeiverordnungen im Sinne des § 366 Ziff. 10 des R.-St.-G.-B. auferlegt werden (Reger's Entsch. Bd. VII S. 355 und VIII S. 11).

[3]) Strafbestimmung in § 149 Ziff. 6 der Gew.-Ordg.

§ 70.

I In Betreff der Märkte, welche bei besonderen Gelegenheiten oder für bestimmte Gattungen von Gegenständen gehalten werden, bewendet es bei den bestehenden Anordnungen.[1])

II Erweiterungen dieses Marktverkehrs können von der zuständigen Behörde mit Zustimmung der Gemeindebehörde angeordnet werden.[2])

[1]) Hierunter fallen z. B. Weihnachts-, Vieh-, Getreide-, Fisch-, Gemüse-, Butter-, Geflügel-Märkte; bezüglich dieser kommen die landesrechtlichen Vorschriften (Art. 146 des P.-St.-G.-B., Verordnung vom 25. Juni 1868 über den Marktverkehr — Regg.-Bl. S. 1029 — und § 29 der Verordnung vom 4. Dezember 1872) in Betracht. Das Feilbieten auf diesen Märkten durch Personen, welche nach den betreffenden Marktordnungen zum Verkaufe nicht zugelassen sind, ist auch dann strafbar, wenn dieselben Wandergewerbescheine zum Handel im Umherziehen besitzen.

Auf einem Kirchweihmarkte ist zum Feilhalten in Buden und Ständen und mithin zum Bezug des Marktes eine ortspolizeiliche Bewilligung nothwendig, welche nur den in der Gemeinde selbst wohnhaften Gewerbetreibenden und nur insoweit ertheilt werden darf, als sie Gegenstände ihres Gewerbes feilhalten.

[2]) Strafbestimmung in § 149 Ziff. 6 der Gewerbeordnung.

§ 71.

Beschränkungen des Verkehrs mit den zu Messen und Märkten gebrachten, aber unverkauft gebliebenen Gegenständen werden hierdurch aufgehoben. Der Einzelverkauf solcher Gegenstände außer der Marktzeit ist jedoch nur unter denselben Bedingungen zulässig, unter welchen derselbe statthaft sein würde, wenn die Gegenstände nicht auf den Markt gebracht wären.

Titel X.

Strafbestimmungen.

§ 143.

I Die Berechtigung zum Gewerbebetriebe kann, abgesehen von den in den Reichsgesetzen vorgesehenen Fällen ihrer Entziehung, weder durch richterliche, noch administrative Entscheidung entzogen werden.

II Ausnahmen von diesem Grundsatze, welche durch die Steuergesetze begründet sind, bleiben so lange aufrecht erhalten, als diese Steuergesetze in Kraft bleiben.

III Die Bestimmungen der Landesgesetze, nach welchen die Befugniß zur Herausgabe von Druckschriften und zum Vertriebe derselben innerhalb des Reichsgebietes im Verwaltungswege entzogen werden darf, werden hierdurch aufgehoben.

§ 144.

I Inwiefern, abgesehen von den Vorschriften über die Entziehung des Gewerbebetriebes (§ 143), Zuwiderhandlungen der Gewerbetreibenden gegen ihre Berufspflichten außer den in diesem Gesetze erwähnten Fällen einer Strafe unterliegen, ist nach den darüber bestehenden Gesetzen zu beurtheilen.

II Jedoch werden aufgehoben die für die Medizinalpersonen bestehenden besonderen Bestimmungen, welche ihnen unter Androhung von Strafen einen Zwang zu ärztlicher Hilfe auferlegen.

§ 145.

I Für das Mindestmaß[1]) der Strafen, das Verhältniß von Geldstrafe zur Freiheitsstrafe,[2]) sowie für die Verjährung der in den §§ 146 und 153 verzeichneten Vergehen[3]) sind die Bestimmungen des Strafgesetzbuchs für das Deutsche Reich maßgebend.[4])

II Die übrigen in diesem Titel mit Strafe bedrohten Handlungen verjähren binneu drei Monaten, von dem Tage an gerechnet, an welchem sie begangen sind.

[1]) Vergl. § 16 bis 18 und § 27 des Reichsstrafgesetzbuches.

[2]) Vergl. § 28, 29 und 78 des Reichsstrafgesetzbuches.

[3]) Vergl. § 67 und 68 des Reichsstrafgesetzbuches. Die Strafverfolgung der im § 147 bezeichneten Vergehen verjährt — s. Abs. II — binnen 3 Monaten. Bezüglich des Beginnes der Verjährung bei fortgesetzten, bei Zustands- und Unterlassungs-Delikten kommen, auch soweit es sich um Kontraventionen gegen die Strafvorschriften der Reichsgewerbeordnung handelt, die allgemeinen Grundsätze zur Anwendung, wonach die Strafverfolgung solange nicht verjährt, als der gesetzwidrige Zustand dauert. Im Falle der Konkurrenz einer Gewerbesteuer- und einer Gewerbepolizei-Kontravention ist die Strafverfolgung wegen des Steuervergehens dadurch nicht ausgeschlossen, daß der Strafverfolgung wegen des gewerbepolizeilichen Reats die Verjährung entgegensteht. Landmanns Gew.-Ordg. S. 440.

[4]) Die Beihilfe zur Verübung der in § 146 und 147 bezeichneten Vergehen ist gemäß § 49 des R.-St.-G.-B. strafbar. Der Versuch wird nicht bestraft (§ 43 Abs. II des R.-St.-G.-B.).

§ 146.

I Mit Geldstrafe bis zu zweitausend Mark und im Unvermögensfalle mit Gefängniß bis zu sechs Monaten werden bestraft:[1])

4. wer § 56 Ziffer 6 zuwiderhandelt.[2])

II Die Geldstrafen fließen der im § 116 bezeichneten Kasse zu.

[1]) Zuwiderhandlungen sind Vergehen, zuständig sind die landgerichtlichen Strafkammern

[2]) Nachdem hier Steuerstrafbestimmungen konkurriren können, hat die Anzeige auch darüber Aufschluß zu geben, ob den Bestimmungen des Art. 7 des Gesetzes vom 10. März 1879 genügt ist.

Siehe auch Reichsgesetz vom 9. Juni 1884 gegen den verbrecherischen und gemeingefährlichen Gebrauch von Sprengstoffen, Reichsgesetzblatt S. 61.

Hinsichtlich des Versuchs und der Beihilfe vergl. Anmerkung zu § 145.

§ 147.

I Mit Geldstrafe bis zu dreihundert Mark und im Unvermögensfalle mit Haft wird bestraft:[1])

1. wer den selbständigen Betrieb eines stehenden Gewerbes, zu dessen Beginn eine besondere polizeiliche Genehmigung[2]) (Konzession, Approbation, Bestallung) erforderlich ist, ohne die vorschriftsmäßige Genehmigung unternimmt oder fortsetzt, oder von den in der Genehmigung festgesetzten Bedingungen abweicht;
3. wer, ohne hierzu approbirt zu sein, sich als Arzt (Wundarzt, Augenarzt, Geburtshelfer, Zahnarzt, Thierarzt) bezeichnet oder sich einen ähnlichen Titel beilegt, durch den der Glaube erweckt wird, der Inhaber desselben sei eine geprüfte Medizinalperson.

II Enthält die Handlung zugleich eine Zuwiderhandlung gegen die Steuergesetze, so soll nicht außerdem noch auf eine Steuerstrafe erkannt werden, es ist aber darauf bei Zumessung der Strafe Rücksicht zu nehmen.

[1]) Auch Zuwiderhandlungen gegen § 147 sind Vergehen, diese verjähren aber nach § 145 Abs. II schon in drei Monaten. Zuständig sind die Schöffengerichte. Bezüglich der Beihilfe und des Versuchs vergl. Anmerkung zu § 145.

[2]) Vergl. § 32, 33a, 33b der Gew.-Ordg.

§ 148.

I Mit Geldstrafen bis zu einhundertfünfzig Mark und im Unvermögensfalle mit Haft bis zu vier Wochen wird bestraft:[1])

1. wer außer den in § 147 vorgesehenen Fällen ein stehendes Gewerbe beginnt, ohne dasselbe vorschriftsmäßig anzuzeigen;[2])
2. wer die im § 14 erforderte An- und Abmeldung einer übernommenen Feuerversicherungsagentur unterläßt;[2])
3. wer die im § 14 erforderten Anzeigen über das Betriebslokal unterläßt;[2])
5. wer dem § 33b oder außer den im § 149 Ziffer 1 vorgesehenen Fällen den §§ 42a bis 44a zuwiderhandelt, oder seine Legitimationskarte (§ 44a) oder seinen Wandergewerbeschein (§ 55) einem Anderen zur Benutzung überläßt;[3])

6. wer zum Zweck der Erlangung einer Legitimationskarte, eines Wandergewerbescheins oder der im § 62 vorgesehenen Erlaubniß in Bezug auf seine Person, oder die Personen, die er mit sich zu führen beabsichtigt, wissentlich unrichtige Angaben macht;[2])

7. wer ein Gewerbe im Umherziehen ohne den gesetzlich erforderlichen Wandergewerbeschein,[4]) ingleichen wer eines der im § 59 Ziffer 1 bis 3 bezeichneten Gewerbe der nach § 59a ergangenen Untersagung zuwider betreibt;

7a. wer dem § 56 Absatz 1, Absatz 2 Ziffer 1 bis 5, 7 bis 9, Absatz 3, § 56a oder § 56b zuwiderhandelt;[5])

7b. wer den Vorschriften der §§ 56c, 60a, 60b Absatz 2 oder 60c Absatz 2 und 3 zuwiderhandelt;[2])

7c. wer einer ihm in Gemäßheit des § 60 Absatz 1, § 60b Absatz 1 oder des § 60d Absatz 3 in dem Wandergewerbeschein auferlegten Beschränkung zuwiderhandelt;[2])

7d. wer bei dem Gewerbebetriebe im Umherziehen Kinder unter 14 Jahren zu gewerblichen Zwecken mit sich führt;[6])

7e. ein Ausländer, welcher bei dem Gewerbebetriebe im Umherziehen den in Gemäßheit des § 56d vom Bundesrath getroffenen Bestimmungen zuwiderhandelt.[7])

II In allen diesen Fällen bleibt die Strafe ausgeschlossen, wenn die strafbare Handlung zugleich eine Zuwiderhandlung gegen die Steuergesetze enthält.[8])

[1]) Zuwiderhandlungen gegen § 148 sind Uebertretungen. Hinsichtlich der Verjährung s. § 145 nebst Anmerkung.

[2]) Anzeige ist an den Amtsanwalt zu erstatten, nachdem hier eine Zuwiderhandlung gegen die Steuergesetze nicht gegeben sein kann.

[3]) In Uebertretungsfällen der §§ 33b, 42a, 42b, 43 und 44a Abs. I gilt das in Anmerkung 2 Gesagte. Zu § 44 kommt zu bemerken, daß wer nicht innerhalb der Schranken dieses Paragraphen seine Geschäfte macht, eines Wandergewerbescheines bedarf, folglich im Zuwiderhandlungsfalle der Strafbestimmung in Ziff. 7 unterliegt.

[4]) Im Allgemeinen kann an der Regel festgehalten werden, daß diejenigen Gewerbebetriebe, zu welchen ein Wandergewerbeschein erforderlich ist, auch der Steuer vom Gewerbebetrieb im Umherziehen unterworfen sind und die Anzeige — wenn sich der Hausirer über die Entrichtung dieser Steuer nicht ausweisen kann — deshalb an das Rentamt zu richten ist. Ausnahmen ergeben sich jedoch insoferne, als

a) Gewerbetreibende oder deren Reisende welche Waaren bei anderen Personen, als bei Kaufleuten oder solchen Personen, welche die Waaren produziren, oder an anderen Orten als in offenen Verkaufsstellen aufkaufen und die aufgekauften Waaren nur zur Beförderung nach dem Bestimmungsorte mit sich führen und

b) Gewerbetreibende, welche in nicht größerer Entfernung als fünfzehn Kilometer vom Wohnorte zu den Gegenständen des Wochenmarktverkehrs gehörige, aber nicht selbstverfertigte Verzehrungsgegenstände feilbieten oder das Musikgewerbe ausüben,

der Steuer nicht unterliegen, jedoch eines Wandergewerbescheines bedürfen.

In diesen und in dem weiter in Ziff. 7 mit Strafe bedrohten Fällen geht die Anzeige an den Amtsanwalt.

[5]) Vergl. Abs. II, dann Art. 7. 12 und 17 des Gesetzes vom 10. März 1879.

[6]) Vergl. Abs. II mit Art. 4 Abs. II, Art 12 und 17 des Gesetzes vom 10. März 1879.

7) Diese Strafbestimmung findet auf die sämmtlichen vom Bundesrathe gemäß § 56d — auch für den Gewerbebetrieb der ausländischen Handelsreisenden — getroffenen Bestimmungen (s. Bekanntmachung des Reichskanzlers vom 31. Oktober 1883) und zwar auch dann Anwendung, wenn diese sich mit den nach Titel III für die Inländer geltenden Bestimmungen decken.

8) Siehe das Gesetz vom 10. März 1879 über die Besteuerung des Gewerbebetriebs im Umherziehen.

§ 149.

I Mit Geldstrafe bis zu dreißig Mark und im Unvermögensfalle mit Haft bis zu acht Tagen wird bestraft:[1])

1. wer den im § 42b vorgesehenen Erlaubnißschein oder den im § 43 vorgesehenen Legitimationsschein während der Ausübung des Gewerbebetriebes nicht bei sich führt, oder den Bestimmungen des § 44a Absatz 2 zuwiderhandelt;[2])
2. wer bei dem Gewerbebetriebe im Umherziehen dem letzten Absatz des § 56 oder dem § 60c Absatz 1 zuwiderhandelt;[2])
3. wer ein Gewerbe im Umherziehen, für welches ihm ein auf einen bestimmten Bezirk lautender Wandergewerbeschein ertheilt ist,[3]) unbefugt in einem anderen Bezirke betreibt;[2])
4. wer ein Gewerbe im Umherziehen mit anderen Waarengattungen oder unter Darbietung anderer Leistungen betreibt, als sein Wandergewerbeschein angiebt;[4])
5. wer bei dem Gewerbebetriebe im Umherziehen unbefugt Personen mit sich führt, oder einen Gewerbtreibenden, zu welchem er nicht in dem Verhältnisse eines Ehegatten, Kindes oder Enkels steht, unbefugt begleitet;[5])
6. wer den polizeilichen Anordnungen wegen des Marktverkehrs zuwiderhandelt.[2])

III In allen diesen Fällen bleibt die Strafe ausgeschlossen, wenn die strafbare Handlung zugleich eine Zuwiderhandlung gegen die Steuergesetze enthält.[6])

1) Zuwiderhandlungen gegen § 149 sind Uebertretungen. Hinsichtlich der Verjährung s. § 145 nebst Anmerkung

2) Nachdem hier eine Zuwiderhandlung gegen Steuergesetze nicht gegeben sein kann, ist die Anzeige an den Amtsanwalt zu erstatten.

3) Hier kommen nur die in § 55 Abs. I Ziff. 4 bezeichneten inländischen Gewerbetreibenden — s. § 60 Abs. II — in Betracht; auf Ausländer findet die Strafbestimmung in § 148 Ziff. 7 e Anwendung. Hinsichtlich der Bestrafung wegen Nichtentrichtung der besonderen Abgaben vergl. Anmerkung zu § 22 der Verordnung vom 4. Dezbr. 1872.

4) Mit Rücksicht auf die Bestimmungen in Abs. II wird zunächst zu prüfen sein, ob den Vorschriften in Art. 12 des Gesetzes vom 10. März 1879, welcher in den gleichen Fällen die Anzeige ans Rentamt behufs Aenderung oder Ergänzung des Besteuerungsnachweises fordert, genügt ist. Verneinendenfalls ist die Straf-Anzeige ans Rentamt zu richten.

Sind die Waaren bezw. Leistungen solche, welche vom Gewerbebetrieb im Umherziehen ausgeschlossen sind — s. § 56—56b — so greifen die Strafbestimmungen in § 146 Ziff. 4 bezw. 148 Ziff. 7a Platz.

⁵) Vergl. Art. 11 Abs. II und Art. 19 Abs. I des Gesetzes vom 10. März 1879, demnach ist die Anzeige stets an den Amtsanwalt zu richten.

⁶) Siehe Anmerkung zu § 148 Abs. II.

Schlußbestimmungen.

§ 155.

Wo in diesem Gesetze auf die Landesgesetze verwiesen ist, sind unter den letzteren auch die verfassungs- oder gesetzmäßig erlassenen Verordnungen verstanden.

Welche Behörden in jedem Bundesstaate unter der Bezeichnung höhere Verwaltungsbehörde, untere Verwaltungsbehörde, Gemeindebehörde, Ortsbehörde, Unterbehörde, Polizeibehörde, Ortspolizeibehörde zu verstehen sind, wird von der Centralbehörde des Bundesstaats bekannt gemacht.[1])

¹) Siehe die Verordnungen vom 4. Dezbr. 1872 und 27. Dezember 1883.

II. Abtheilung.

Vollzugsbestimmungen

zur

Gewerbe-Ordnung.

1.

Königlich Allerhöchste Verordnung vom 4. Dezember 1872, den Vollzug der Gewerbeordnung für den Norddeutschen Bund vom 21. Juni 1869 in Bayern betreffend.

(Auszug.)

Wir finden Uns bewogen, zum Vollzuge der durch Reichsgesetz vom 12. Juni 1872 auch in Bayern eingeführten Gewerbeordnung für den Norddeutschen Bund vom 21. Juni 1869 zu verordnen, was folgt:

§ 1.

Die in § 14 Absatz 1 der Gewerbeordnung vorgeschriebenen Anzeigen sind nach Maßgabe der von den einschlägigen Staatsministerien zu erlassenden instruktiven Anordnungen[1]) bei den Gemeindebehörden zu erstatten.

Die besonderen Anzeigen, welche außerdem nach § 14 Abs. 2 für die Agenturen der Feuerversicherungsanstalten vorgeschrieben sind, müssen gemäß § 7 Absatz 2 Unserer Verordnung vom 11. September 1872, die Mobiliar-Feuerversicherungen betreffend, bei der Distriktsverwaltungsbehörde des Wohnortes des Agenten, in München bei dem Magistrate, und bei den Distriktsverwaltungsbehörden des Agenturbezirkes erstattet werden.

Die in § 14 Absatz 2 der Gewerbeordnung weiter für die Preßgewerbe angeordneten besonderen Anmeldungen müssen bei der Ortspolizeibehörde erstattet und von dieser der vorgesetzten Distriktsverwaltungsbehörde vorgelegt werden. In München erfolgen diese Anmeldungen sofort bei der Polizeidirektion; in den übrigen einer Kreisregierung unmittelbar untergeordneten Städten sind dieselben vom Magistrate dem für die Ausübung der Preßpolizei aufgestellten Beamten mitzutheilen.

Zur Untersagung des Gewerbebetriebes nach § 15 Absatz 2 der Gewerbeordnung sind die einschlägigen Distriktsverwaltungsbehörden zuständig.

[1]) Siehe Ministerial-Bekanntmachung vom 27. Dezember 1881 (G.- u. V.-Bl. 1882 S. 1).

§ 9.

Die nach § 32 der Gewerbeordnung für Schauspielunternehmer erforderliche Erlaubniß wird von den Distriktsverwaltungsbehörden, in München von der Polizeidirektion, ertheilt.

§ 15.

Die nach § 43 Abs. 1 der Gewerbeordnung erforderliche ortspolizeiliche Erlaubniß wird in München durch die Polizeidirektion ertheilt.

Rekurse gegen Beschlüsse, durch welche die ortspolizeiliche Erlaubniß in den Fällen des § 43 versagt wird, sind von den Kreisregierungen, Kammern des Innern, zu bescheiden.

Für die Ausfertigung des Legitimationsscheines haben sich die Ortspolizeibehörden des anliegenden Formulars K[1]) zu bedienen und die allgemeinen tax- und stempelgesetzlichen Bestimmungen in Anwendung zu bringen.

Ueber die Ertheilung der Legitimationsscheine haben die Ortspolizeibehörden dem für die Ausübung der Preßpolizei aufgestellten Beamten in jedem einzelnen Falle Mittheilung zu machen und außerdem fortlaufende jährlich abzuschließende Verzeichnisse nach anliegendem Formulare L[1]) zu führen.

[1]) Siehe Ministerial-Entschließung vom 30. Januar 1879 (M.-Bl. S. 61).

§ 22.

Bei der Ausfertigung sämmtlicher Legitimationsscheine für den Gewerbebetrieb im Umherziehen haben die allgemeinen tax- und stempelgesetzlichen Bestimmungen in Anwendung zu kommen.

Außerdem sind die für die Ausfertigung der Legitimationsscheine und vor der Aushändigung derselben, mit Ausnahme der für die Verrichtung gewerblicher Arbeiten, das Aufsuchen von rbeitsbestellungen und den Aufkauf von Waaren ausgefertigten och folgende Abgaben[1]) zu erheben:

wenn der Gewerbebetrieb erstreckt werden soll:

a) auf einen Ort 3 Mk. 60 Pf.,
b) auf mehrere Orte oder einen Verwaltungsbezirk 9 Mk.,[2])
c) auf mehrere Verwaltungsbezirke oder einen Regierungsbezirk 18 Mk.,[3])
d) auf zwei Regierungsbezirke 27 Mk.,
e) auf drei Regierungsbezirke 36 Mk.,
f) auf vier Regierungsbezirke 43 Mk. 20 Pf.,
g) auf fünf Regierungsbezirke 49 Mk. 60 Pf.,
h) auf sechs Regierungsbezirke 54 Mk.,
i) auf sieben Regierungsbezirke 59 Mk. 40 Pf.,
k) auf das ganze Königreich 64 Mk. 80 Pf.

Unser Staatsministerium des Innern ist ermächtigt, für die Bewohner einzelner Orte oder Bezirke, sowie für einzelne Gegenstände die Begünstigung einer ermäßigten Abgabe eintreten zu lassen.[4])

Die für Legitimationsscheine auf Grund vorstehender Bestimmungen erhobenen Abgaben, welche für den gewerblichen Unterricht verwendet werden, sind halbjährig an Unser Staatsministerium des Innern für Kirchen- und Schulangelegenheiten einzusenden.

[1]) Alle Personen, welche in Bayern einen Gewerbebetrieb im Umherziehen beabsichtigen wozu nach § 55 der Gew.-Ordg. ein Wandergewerbeschein erforderlich ist, haben diese besonderen Abgaben zu unterrichten, mit Ausnahme derjenigen, welche

a) Waaren aufkaufen (§ 55 Ziff. 2 der Gew.-Ordg.),
b) gewerbliche Leistungen anbieten oder Arbeitsbestellungen aufsuchen (§ 55 Ziff. 3 der Gew.-Ordg.),
c) Musikaufführungen, Schaustellungen, theatralische Vorstellungen oder sonstige Lustbarkeiten darbieten wollen (§ 55 Ziff. 4 der Gew.-Ordg.).

Wer im Umherziehen nicht blos aufkaufen, sondern auch verkaufen will, hat die besondere Abgabe zu bezahlen, außer wenn mit Bestimmtheit anzunehmen ist, daß er lediglich auf Märkten oder auf Bestellung verkaufen werde.

Das Geschäft der Lumpensammler einschlüssig des bei demselben stattfindenden Tauschhandels ist von den besonderen Abgaben befreit. (M.-E. v. 4. Febr. 1873.)

[2]) Für den Gewerbebetrieb im Umherziehen in einer einen eigenen Distrikts-Verwaltungsbezirk bildenden Stadt ist die besondere Abgabe von neun Mark zu erheben. (M.-E. v. 15. Januar 1876, M.-A.-Bl. S. 40.)

[3]) Wird der Gewerbebetrieb im Umherziehen in mehreren in verschiedenen Verwaltungsbezirken gelegenen Orten, oder in meheeren zu verschiedenen Regierungsbezirken gehörigen Verwaltungsbezirken ausgeübt, so sind die für den Gewerbebetrieb im Umherziehen in mehreren Verwaltungsbezirken bezw. in mehreren Regierungsbezirken festgesetzten besonderen Abgaben zur Erhebung zu bringen, ohne Rücksicht darauf, daß der Gewerbebetrieb nur auf einen Theil des Gebietes der in Betracht kommenden Verwaltungs- bezw. Regierungsbezirke erstreckt werden soll.

Ausnahmsweise kann jedoch denjenigen Personen, welche im nächst vorangegangenen Kalenderjahre Wandergewerbescheine in den in Rede stehenden Fällen gegen eine besondere Abgabe von neun bezw. achtzehn Mark ausgestellt erhalten haben, diese ermäßigte Abgabe auch ferner bewilligt werden, wenn deren Gewerbebetrieb nur in einer geringen Anzahl von Orten verschiedener Verwaltungsbezirke bezw. in höchstens drei zu verschiedenen Regierungsbezirken gehörigen Verwalt ngsbezirken stattfindet. (Minist.-Entschließung vom 27. Dezember 1885, M.-Bl. S. 287.)

[4]) Es sind nur jene Ermäßigungen giltig, welche seit 1. Januar 1873 neu bewilligt

werden und nicht bereits wieder abgelaufen sind. Insoweit Ausländern für den Handel mit gewissen inländischen Produkten eine solche Begünstigung zugestanden worden ist, wie den Tirolern für den Handel mit Nördlinger Teppichen, hat es hiebei auch fernerhin sein Verbleiben. (M.-E. v. 4. November 1881, § 11, M.-A.-Bl. S. 412.)

Die Ermäßigung der besonderen Abgabe wurde bewilligt:

Burkardroth, den Bewohnern der Gemeinde —, k. B.-A. Kissingen, für den Handel mit Viktualien, insbesondere mit Schmalz, Butter, Käse, Hefe, Oel und Hafermehl im Bezirksamte Kissingen, sowie für den Handel mit Holzwaaren im Regierungsbezirke Unterfranken und Aschaffenburg auf den dritten Theil der verordnungsmäßigen Sätze für die Jahre 1888 bis incl. 1892, M.-A.-Bl. 1888 S. 144.

Hartenstein, den über 25 Jahre alten Einwohnern der Gemeinde —, k. B.-A. Hersbruck, für den Hausirhandel mit selbstverfertigten Korb- und Siebmacherwaaren in den Regierungsbezirken Mittelfranken, Oberfranken, dann Oberpfalz u. Regensburg auf die Hälfte der verordnungsmäßigen Sätze für die Jahre 1888, 1889 und 1890, M.-A.-Bl. 1888 S. 316.

Marienweiher, den Bewohnern der Gemeinde —, k. Bezirksamts Stadtsteinach, für den Handel mit Saugschweinen im Regierungsbezirke Oberfranken auf ein Drittheil des verordnungsmäßigen Satzes für die Jahre 1890 und 1891, M.-A.-Bl. 1889 S. 389.

Neuschleichach, den Bewohnern der Gemeinde —, k. B.-A. Haßfurt, für den Handel mit Holzwaaren, Besen, Sensen, Wetzsteinen, Wagenschmiere und Viktualien im ganzen Königreiche auf den vierten Theil der verordnungsmäßigen Sätze für die Jahre 1889, 1890 und 1891, M.-A.-Bl. 1888 S. 324.

Obertrubach, den Bewohnern der Gemeinde —, k. B.-A. Pegnitz für den Hausirhandel mit selbstverfertigten Büttnerwaaren in den Bezirksämtern Forchheim, Erlangen, Hersbruck und Nürnberg auf die Hälfte der verordnungsmäßigen Sätze für die Jahre 1886 bis einschließlich 1890, M.-A.-Bl. 1886 S. 242.

Sassanfahrt, den Korbmachern der Gemeinde —, k. Bezirksamts Bamberg II, auf die Hälfte der verordnungsmäßigen Sätze für die Jahre 1890, 1891 und 1892, M.-A.-Bl. 1889 S. 374.

Traindorf, den Bewohnern der Gemeinde —, k. Bezirksamts Stadtsteinach, für den Handel mit Saugschweinen im Regierungsbezirke Oberfranken auf ein Drittheil des verordnungsmäßigen Satzes für die Jahre 1890 und 1891, M.-A.-Bl. 1889 S. 389.

Weidmes, den Bewohnern der Gemeinde —, k. Bezirksamts Stadtsteinach, für den Handel mit Saugschweinen im Regierungsbezirke Oberfranken auf ein Drittheil des verordnungsmäßigen Satzes für die Jahre 1890 und 1891, M.-A.-Bl. 1889 S. 389.

Winzer, den über 24 Jahre alten Einwohnern der Gemeinde —, k. Bezirksamts Deggendorf, zum Hausirhandel mit selbstverfertigten Korbflechtwaaren in den Regierungsbezirken Oberbayern, Niederbayern, Oberpfalz und Regensburg auf den vierten Theil der verordnungsmäßigen Sätze bis 1890 incl., M.-A.-Bl. 1888 S. 52.

Wollbach, den Bewohnern der Gemeinde —, k. B.-A. Kissingen, für den Handel mit Viktualien, insbesondere Schmalz, Butter, Käse, Hefe, Oel und Hafermehl im Bezirksamte Kissingen, sowie für den Handel mit Holzwaaren im Regierungsbezirke Unterfranken und Aschaffenburg und für den Handel mit Töpferwaaren in den Bezirksämtern Kissingen, Hammelburg und Brückenau auf den dritten Theil der verordnungsmäßigen Sätze für die Jahre 1888 bis 1892 incl., M.-A.-Bl. 1888 S. 144.

Zahlbach, den Bewohnern der Gemeinde —, k. B.-A. Kissingen, für den Handel mit Viktualien, insbesondere mit Schmalz, Butter, Käse, Hefe, Oel und Hafermehl im Bezirksamte Kissingen, sowie für den Handel mit Holzwaaren im Regierungsbezirke Unterfranken und Aschaffenburg auf den dritten Theil der verordnungsmäßigen Sätze für die Jahre 1888 bis incl. 1892, M.-A.-Bl. 1888 S. 144.

Bezüglich der Instruktion der Gesuche um Ermäßigung der besonderen Abgabe s. § 11 Abs. II der M.-E. v. 4. Novbr. 1881, M.-A.-Bl. S. 412.

Einzelnen Personen wird von Seite des k. Staatsministeriums des Innern die besondere Abgabe grundsätzlich nicht nachgelassen und ebensowenig ist es den Distriktspolizeibehörden gestattet, in einzelnen Fällen Nachlässe zu bewilligen. Jedoch kann, wenn wegen unvorhergesehener, von dem Willen des Inhabers des Wandergewerbescheines unabhängiger Ereignisse der Beginn oder die Fortsetzung des Gewerbebetriebs unterblieben bezw. unterbrochen worden ist, bei dem kgl. Staatsministerium des Innern die vollständige oder theilweise Rückerstattung der Abgabe beantragt werden (§ 11 Abs. III der cit. M.-E.).

§ 23.

Wird bei einer Distriktsverwaltungsbehörde die Ausstellung eines Legitimationsscheines, für welchen die in § 22 Abs. 2 gegenwärtiger Verordnung bezeichnete besondere Abgabe zu entrichten ist, nachgesucht, und sind die allgemeinen gesetzlichen Vorbedingungen vorhanden, so ist der Legitimationsschein auszufertigen, wenn jene Abgabe bezahlt ist. In dem Legitimationsschein selbst ist zu bemerken, für welche Bezirke[1]) und in welchem Betrage die Abgabe entrichtet wurde.

Will der Inhaber des Legitimationsscheines später, aber noch innerhalb des Kalenderjahres, für welches der Schein ausgestellt wurde, seinen Gewerbebetrieb weiter ausdehnen, so muß er bei irgend einer Distriktsverwaltungsbehörde[2]) die Differenz nachbezahlen, welche zwischen der bereits entrichteten und der für den nunmehrigen Geschäftsbetrieb bestimmten Abgabe besteht[3]). Ueber diese Nachzahlung ist entsprechender Vermerk auf dem Legitimationsscheine zu machen.[4])

Personen, welche nicht in Bayern ihren ständigen Wohnsitz haben, müssen auch die Entrichtung der sie treffenden Gewerbesteuer nachweisen.

[1]) Ausländern ist die Vorausbezahlung der Abgabe für mehrere Verwaltungs- oder Regierungsbezirke nicht mehr zu gestatten (§ 12 der M.-E. v. 4. Novbr. 1881, M.-A.-Bl. S. 414).

[2]) Ausländer haben die Differenz bei derjenigen Distriktsverwaltungsbehörde nachzubezahlen, bei welcher sie um Ausdehnung ihres Wandergewerbescheines nachsuchen (§ 12 der M.-E. v. 4. Novbr. 1881, M.-A.-Bl. S. 414).

[3]) Ein Hausichändler, welcher sein Gewerbe in einem Bezirk ausübt, für welchen er die besondere Abgabe nicht bezahlt hat, wird nach Art. 28 des bayr. Gewerbsgesetzes vom 30. Januar 1868 (Gesetzblatt 1866/69 S. 310) bestraft.

[4]) Die Constatirung über Bezahlung der Abgaben ist gebührenfrei (Bl. f. adm. Praxis Bd. XXXVII S. 382 und XXXII S. 350).

§ 24.

Personen, welche auf Grund eines von einer nichtbayerischen deutschen Behörde ausgestellten Legitimationsscheines in Bayern einen Gewerbebetrieb im Umherziehen beabsichtigen, für welchen die in § 22 Abs. 2 gegenwärtiger Verordnung bezeichneten besonderen Abgaben zu entrichten sind, haben die sie treffende Abgabe bei derjenigen Distriktsverwaltungsbehörde, in deren Bezirk sie das Königreich betreten oder den Gewerbebetrieb beginnen wollen, zu erlegen[1]) und sich über die Bezahlung der Gewerbesteuer auszuweisen, worauf ihnen die Behörde auf dem Legitimationsscheine entsprechende Vormerkung macht.

Die Bestimmung des § 23 Abs. 2 gegenwärtiger Verordnung ist bei Inhabern nichtbayerischer deutscher Legitimationsscheine gleichmäßig in Anwendung zu bringen.

[1]) Strafbestimmung s. Anmerkg. 3 zu § 23 gegenw. Verordnung.

§ 28.

Die in § 64 Abs. 2 der Gewerbeordnung den höheren Verwaltungsbehörden zugewiesene Befugniß der Regelung des herkömmlichen Wochenmarktverkehres üben die Distriktsverwaltungsbehörden, in München der Magistrat, aus.

§ 29.

Messen und Jahrmärkte bedürfen zu ihrer Einführung der Genehmigung Unseres Staatsministeriums des Innern.

Die Bewilligung zur Errichtung von Getreideschrannen, von Viehmärkten, von Wollmärkten und dergleichen Märkten für Rohstoffe, welche nicht ausschließlich zur Befriedigung örtlicher Bedürfnisse dienen, sondern auf einen größeren Verkehr berechnet sind, steht den Kreisregierungen, Kammern des Innern, zu.

Die Erlaubniß zur Abhaltung von Holz- und Viktualienmärkten für den vorzugsweise örtlichen Bedarf, von Weihnachtsmärkten und Trödelmärkten ertheilt die Distriktsverwaltungsbehörde, in München der Magistrat.

An Kirchweihen und Patrocinien wie auf Viktualienmärkten kann unter Beachtung der bisherigen Ortsgewohnheit von der Ortspolizeibehörde, in München von dem Magistrate, den in der Gemeinde selbst wohnhaften Gewerbetreibenden das Feilhalten von Gegenständen ihres Gewerbes in Buden und Ständen gestattet werden.

Die bleibende Abänderung der festgesetzten Meß- und Markttage kann nur von jener Behörde ausgehen, welcher die Bewilligung des Marktes selbst zusteht. Die durch vorübergehende Vorkommnisse veranlaßte Verlegung einzelner Märkte wird der Zuständigkeit der Distriktsverwaltungsbehörden, in München des Magistrats, überlassen.

§ 30.

Die in § 66 Abs. 2 der Gewerbeordnung vorbehaltene Bestimmung darüber, welche Gegenstände nach Ortsgewohnheit und Bedürfniß auf den Wochenmärkten verkauft werden dürfen, wird von den Distriktsverwaltungsbehörden, in München vom Magistrate, getroffen.

§ 31.

Die in den §§ 67 Abs. 2 und 69 der Ortspolizeibehörde vorbehaltene Zuständigkeit wird in München vom Magistrate ausgeübt.

§ 43.

Gegenwärtige Verordnung tritt mit dem 1. Januar 1873 in Kraft.

Formular K.

Nro. des Verzeichnisses § 43 Abs. 1 der Gewerbeordnung.
. . . . § 15 der Verordnung vom 4. Dez. 1872.

Legitimations-Schein.

De . . . .
von . . . .
. . . Jahre alt, wird die ortspolizeiliche Erlaubniß zum gewerbsmäßigen Ausrufen, Verkaufen, Vertheilen, Anheften und Anschlagen von Druckschriften oder anderen Schriften oder Bildwerken auf den öffentlichen Wegen, Straßen, Plätzen und anderen öffentlichen Orten der Gemeinde . . . . für das laufende Jahr ertheilt.

. . . . . den . . . . . 18 . .

(L. S.) . . . . . .

. . . . .

Beschreibung der Person des Inhabers: Gebühr bezahlt mit:
Statur . . . . Augen . . . .
Haare . . . .
Besondere Kennzeichen . . . .
Unterschrift des Inhabers:
. . . .

Formular L.

§ 43 Abs. 1 der Gewerbeordnung
§ 15 Abs. 4 der Verordnung vom 4. Dezember 1872.

Verzeichniß

der im Jahre 18 . . bei (Behörde) . . . . zum gewerbsmäßigen Vertrieb von Schriften und Bildwerken an öffentlichen Orten ertheilten Legitimationsscheine.

Fortl. Nro.	Tag der Ertheilung.	Vor- und Zuname des Gewerbtreibenden.	Heimath.	Vermerk über Einhebung der Taxe.	Bemerkungen

2.

Bekanntmachung des Reichskanzlers vom 31. Oktober 1883, betreffend Ausführungsbestimmungen zur Gewerbeordnung für das Deutsche Reich.

Bayer. Gesetz- und Verordnungsblatt 1883 Seite 470.

Auf Grund der Bestimmungen in den §§ 44 Absatz 2, 56d, 60 Absatz 4 der Gewerbeordnnng hat der Bundesrath nachstehende

Ausführungsbestimmungen zur Gewerbeordnung für das Deutsche Reich

erlassen:

I. Geschäftsbetrieb der Gold- und Silberwaarenfabrikanten etc.

Gold- und Silberwaarenfabrikanten und -Großhändler sind befugt, auch außerhalb des Gemeindebezirks ihrer gewerblichen Niederlassung, sofern diese im Inlande liegt, persönlich oder durch in ihrem Dienste stehende Reisende Gold- und Silberwaaren an Personen, die damit Handel treiben, feilzubieten und zu diesem Zwecke mit sich zu führen, vorausgesetzt, daß die Waaren, welche sie feilbieten, übungsgemäß an die Wiederverkäufer im Stück abgesetzt werden. Dasselbe gilt von Taschenuhren- und Bijouteriewaarenfabrikanten und -Großhändlern, sowie von Gewerbetreibenden, welche mit Edelsteinen, Perlen, Kameen und Korallen Großhandel treiben (vergl. § 44 Absatz 2 der Gewerbeordnung).[1]

II. Gewerbebetrieb der Ausländer im Umherziehen.

A. Im Allgemeinen.

1. Ausländer,[2] welche ein Gewerbe im Umherziehen betreiben wollen, bedürfen eines Wandergewerbescheines.

2. Ausgenommen von der Vorschrift in Ziffer 1 sind solche Ausländer, welche ausschließlich den Verkauf roher Erzeugnisse der

---

[1]) Diese Personen bedürfen also nach § 44 Abs II und 44 a der Gew.-Ordg. nur einer Gewerbelegitimationskarte und brauchen die Steuer vom Gewerbebetrieb im Umherziehen nach dem Gesetze vom 10. März 1879 nicht zu entrichten; vergl. Anmerkg. zu Art. 2 Ziff. 1 des alleg. Gesetzes.

[2]) „Ausländer" sind Nichtangehörige des Deutschen Reiches. Ob diese im Inlande wohnen ist vom gewerbepolizeilichen Standpunkte gleichgiltig. Dagegen stellt das bayer. Gesetz über die Besteuerung des Gewerbebetriebs im Umherziehen vom 10. März 1879 diejenigen Ausländer mit den Inländern gleich, welche ihren Wohnsitz oder eine gewerbliche Niederlassung im Deutschen Reiche haben.

Land- und Forstwirthschaft, des Garten- und Obstbaues, der Geflügel und Bienenzucht im gewöhnlichen Grenzverkehr betreiben wollen; der Gewerbebetrieb kann jedoch untersagt werden, wenn eine der Voraussetzungen der §§ 57 Ziffer 1 bis 4, 57a oder 57b Ziffer 2 bis 4 der Gewerbeordnung vorliegt.

3. Auf die Ausübung des Gewerbebetriebes im Umherziehen, ferner auf die Ertheilung, Versagung und Zurücknahme des Wandergewerbescheines finden die Bestimmungen des Titels III der Gewerbeordnung Anwendung, soweit nachstehend nicht etwas anderes bestimmt ist.

4. Die Ertheilung eines Wandergewerbescheines ist zu versagen, wenn ein Bedürfniß zur Ausstellung von Wandergewerbescheinen für Ausübung des betreffenden Gewerbes im Bezirke der Behörde nicht besteht, oder sobald für das Gewerbe, für welches der Schein nachgesucht wird, die den Verhältnissen des Verwaltungsbezirks der Behörde entsprechende Anzahl von Wandergewerbescheinen ertheilt oder ausgedehnt worden ist (vergl. Ziffer 6).

Für das Gewerbe der Topfbinder, der Kesselflicker, der Händler mit Blech- und Drahtwaaren und ähnlichen Gegenständen, der Drehorgelspieler und Dudelsackpfeifer darf ein Wandergewerbeschein außerdem nur solchen Personen ertheilt werden, welche nachnachweislich in dem nächst vorangegangenen Kalenderjahre einen Wandergewerbeschein für dasselbe Gewerbe erhalten haben.

Zigeunern ist der Wandergewerbeschein stets zu versagen.

5. Ausländer, welche entweder das 21. Lebensjahr noch nicht überschritten haben, oder durch ihre Persönlichkeit zu erheblichen polizeilichen Bedenken Anlaß geben, sind zum Gewerbebetriebe im Umherziehen nicht zuzulassen.

Der ertheilte Wandergewerbeschein kann zurückgenommen werden, wenn solche Bedenken nachträglich sich ergeben.

6. Der Wandergewerbeschein berechtigt den Inhaber, nach Entrichtung der Landessteuern sein Gewerbe im Umherziehen in dem Bezirke derjenigen Behörde zu betreiben, welche den Wandergewerbeschein ertheilt hat. Zu dem Gewerbetriebe in einem anderen Bezirke ist die Ausdehnung des Wandergewerbescheines durch die zuständige Behörde dieses Bezirkes erforderlich. Die Ausdehnung wird versagt, wenn ein Bedürfniß zur Ausübung des betreffenden Gewerbes in dem Bezirke der Behörde nicht besteht, oder sobald für die den Verhältnissen des Bezirkes entsprechende Anzahl von

Personen Wandergewerbescheine bereits ertheilt oder auf den betreffenden Bezirk ausgedehnt sind.

Auf die Zurücknahme der Ausdehnung findet der § 58 der Gewerbeordnung sowie vorstehende Ziffer 5 Absatz 2 entsprechende Anwendung.

Das Recht, einen Ausländer aus dem Reichsgebiete auszuweisen, wird durch diese Bestimmungen nicht berührt.

7. Der Mangel eines festen Wohnsitzes im Inlande (§ 57b Ziffer 1 der Gewerbeordnung) ist Ausländern gegenüber als ein Grund zur Versagung des Wandergewerbescheines oder zur Versagung der Ausdehnung desselben nicht anzusehen.

8. Sowohl die Ausstellung als auch die Ausdehnung eines Wandergewerbescheines kann für eine kürzere Dauer als das Kalenderjahr, oder für bestimmte Tage während des Kalenderjahres erfolgen.

9. Die Wandergewerbescheine werden nach den unter III nachstehend bezeichneten Formularen ausgestellt.

10. Wer beim Gewerbebetrieb im Umherziehen andere Personen von Ort zu Ort mit sich führen will, bedarf der Erlaubniß derjenigen Behörde, welche den Wandergewerbeschein ertheilt oder ausgedehnt hat. Die Erlaubniß wird in dem Wandergewerbeschein unter näherer Bezeichnung der Personen vermerkt.

Personen, welche den an die selbstständigen Gewerbetreibenden zu stellenden Anforderungen nicht entsprechen, dürfen nicht mitgeführt werden.[1]) Diese Bestimmung findet auch auf die Mitführung eines Inländers durch einen ausländischen Gewerbetreibenden und eines Ausländers durch einen inländischen Gewerbetreibenden Anwendung.

Die Erlaubniß zur Mitführung von Personen anderen Geschlechts, mit Ausnahme der Ehegatten und der über 21 Jahre alten eigenen Kinder und Enkel, kann auch dann versagt werden, wenn keiner der aus Ziffer 3 bis 5 sich ergebenden Versagungsgründe vorliegt.

11. Die auf Grund der vorstehenden Bestimmungen getroffenen Verfügungen einschließlich der Versagung der Genehmigung des Druckschriftenverzeichnisses (§ 56 Absatz 4 der Gewerbeordnung) können nur im Wege der Beschwerde an die unmittelbar vorgesetzte Aufsichtsbehörde angefochten werden.

---

[1]) Demnach dürfen auch Kinder, welche das 21. Lebensjahr noch nicht überschritten haben, als Begleiter nicht zugelassen werden.

B. Der Geschäftsbetrieb der ausländischen Handlungsreisenden[1]) im besonderen.

1. Auf Handlungsreisende, welche durch die in den Staatsverträgen vorgesehene Gewerbelegitimationskarte legitimirt sind, finden die Bestimmungen der Staatsverträge Anwendung.[2]) Insoweit die Handlungsreisenden Waaren feilbieten, oder Waaren bei anderen Personen als bei Kaufleuten oder solchen Personen, welche die Waaren produziren, oder an anderen Orten, als in offenen Verkaufsstellen aufkaufen oder Waarenbestellungen bei anderen Personen als bei Kaufleuten oder solchen Personen, in deren Gewerbebetriebe Waaren der angebotenen Art Verwendung finden, aufsuchen wollen, finden die vorstehenden Bestimmungen unter A auf sie Anwendung.

2. Handlungsreisende, welche Staaten angehören, mit denen ein Abkommen wegen der Gewerbelegitimationskarten zwar nicht abgeschlossen, denen jedoch das Recht der Meistbegünstigung hinsichtlich des Gewerbebetriebes eingeräumt ist, bedürfen zum Geschäftsbetriebe im Inlande einer Gewerbelegitmationskarte nach dem unter I anliegenden Muster.

Die Gewerbelegitimationskarte berechtigt den Inhaber in dem ganzen Gebiete des Reichs, nach Entrichtung der Landessteuern,[3]) sofern in letzterer Hinsicht nicht ein anderes im Wege des Vertrages festgesetzt ist, Waaren bei Kaufleuten oder solchen Personen, welche die Waaren produziren, oder in offenen Verkaufsstellen aufzukaufen und Waarenbestellungen bei Kaufleuten oder Personen, in deren Gewerbebetriebe Waaren der angebotenen Art Verwendung finden, aufzusuchen. Er darf nur Waarenmuster, aber keine Waaren mit sich führen.

Auf die Ertheilung, Versagung und Zurücknahme der Gewerbelegitimationskarte finden die Bestimmungen des Titels III der Gewerbeordnung mit der Maßgabe entsprechende Anwendung, daß der Mangel eines festen Wohnsitzes im Inlande (§ 57b der Gewerbeordnung) einen Grund zur Versagung der Gewerbelegitimationskarte nicht bildet, und daß die auf Grund dieser Bestimmungen getroffenen Verfügungen nur im Wege der Beschwerde an

---

[1]) Hierunter sind Angehörige außerdeutscher Staaten, welche im Inlande eine gewerbliche Niederlassung nicht besitzen, und deren Reisende zu verstehen.
[2]) Siehe Anmerkung zu § 44 a Abs. VI.
[3]) Siehe Art. 3 des Gesetzes vom 10. März 1879 und § 6 der Minist.-Bekanntmachung vom 16. März 1879, den Vollzug des alleg. Gesetzes betr.

die unmittelbar vorgesetzte Aufsichtsbehörde angefochten werden können.

3. Auf die Ausübung des Geschäftsbetriebes der ausländischen Handlungsreisenden (Ziffer 1 und 2) finden die Bestimmungen des Titels III der Gewerbeordnung entsprechende Anwendung.[1])

III. Formulare für Wandergewerbescheine.

Die Wandergewerbescheine sind nach den anliegenden Formularen auszustellen, von welchen Formular A für Inländer und Ausländer in den Fällen des § 55 Ziffer 4 der Gewerbeordnung, und Formular B für Inländer, Formular C für Ausländer in den übrigen Fällen des Gewerbebetriebes im Umherziehen bestimmt sind.[2])

IV. Schlußbestimmung.

Vorstehende Bestimmungen kommen vom 1. Januar 1884 ab zur Anwendung.

---

[1]) Strafbestimmung zu Absch. II in § 148 Ziff. 7 l der Gew.-Ordg.

[2]) Vergleiche die Minist.-Entschließung vom 13. Dezember 1883, den Vollzug des Gesetzes vom 10. März 1879 über die Besteuerung des Gewerbebetriebs im Umherziehen betr., (M.-B.-Bl. S. 393), welche in Anmerkung zu § 17 der M.-Bek. v. 16. März 1879 — Abth. IV Nro. 1 — abgedruckt ist. Den nachstehend abgedruckten Formularen ist die „Bescheinigung über die Entrichtung der Landessteuern" beigefügt.

Nach Beschluß des Bundesraths sind in diesen Formularen hinter den Worten „wohnhaft zu" die Worte „staatsangehörig in . . . ." einzufügen (Minist.-Bekanntmachung vom 22. November 1889, G.- u. V.-Bl. S. 578).

Anlage I. Vorderseite.

Deutsches Reich.

Auf das Jahr 18 ......

No. der Karte

(Wappen.)

Gewerbe-Legitimationkarte

für

ausländische Handlungsreisende.

Gültig in dem Deutschen Reich,
vorbehaltlich der Entrichtung der Landessteuern.

Herr ....

wohnhaft zu ....

ist befugt, für Rechnung ....

....

....

Waaren aufzukaufen und Bestellungen auf Waaren aufzusuchen.

.............................., den ....ten 18

....

....

Auf guillochirtem Unterdruck.

Rückseite.

Bezeichnung der Person des Inhabers.

Alter: .... Jahre. Gestalt: ....

Haare: .... Besondere Kennzeichen: ....

....

Unterschrift: ....

Zur Beachtung.

Der Inhaber dieser Karte ist ausschliesslich im Umherziehen und ausschliesslich für Rechnung der vorgedachten Firm........ berechtigt, Waaren bei Kaufleuten oder solchen Personen, welche die Waaren produziren, oder in offenen Verkaufsstellen aufzukaufeu und Waarenbestellungen bei Kaufleuten oder Personen, in deren Gewerbebetriebe Waaren der angebotenen Art Verwendung finden, aufzusuchen. Er darf nur Waarenmuster aber keine Waaren bei sich führen.

Er ist verpflichtet, die Karte während der Ausübung des Gewerbebetriebes bei sich zu führen, auf Erfordern der zuständigen Behörden oder Beamten vorzuzeigen, und sofern er hierzu nicht im Stande ist, auf deren Geheiss den Betrieb bis zur Herbeischaffung der Karte einzustellen. Er darf dieselbe Anderen nicht überlassen.

Vorderseite des Umschlags.

Formular A
für Inländer und Ausländer
in den Fällen des § 55 Ziffer 4
der Gewerbeordnung.

Zur Beachtung.

Der Inhaber dieses Scheines hat bei dem Gewerbebetriebe die reichs- und landesgesetzlichen Vorschriften zu beobachten. Insbesondere:

1. Er hat den Schein während der Ausübung des Gewerbebetriebes stets bei sich zu führen, auf Erfordern der zuständigen Behörden oder Beamten vorzuzeigen und, sofern er hierzu nicht im Stande ist, auf deren Geheiß den Betrieb bis zur Herbeischaffung des Scheines einzustellen. Er darf den Schein Anderen nicht überlassen.
2. Er darf bei dem Gewerbebetriebe keine Person mit sich führen, die in dem Scheine nicht genannt ist.
3. Mit anderen als den auf der ersten Seite des Scheines bezeichneten Leistungen darf das Gewerbe nicht betrieben werden.
4. In einem anderen, als dem auf der ersten Seite des Scheines genannten Bezirke darf der Inhaber das Gewerbe nicht betreiben, bevor ihm durch einen Vermerk der zuständigen Behörde in dem Scheine solches gestattet ist.
5. Bevor der Inhaber den Gewerbetrieb an einem Orte von Haus zu Haus oder auf öffentlichen Wegen, Straßen, Plätzen oder an anderen öffentlichen Orten (z. B. öffentlich in Wirthshäusern) beginnt, hat er die Erlaubniß der Ortspolizeibehörde einzuholen.
6. Zum Zwecke des Gewerbebetriebes ist ohne vorgängige Erlaubniß der Eintritt in fremde Wohnungen, sowie zur Nachtzeit das Betreten fremder Häuser und Gehöfte nicht gestattet.

A

Fortsetzung siehe auf dem letzten Blatt

— 1 —

Nur für das Jahr 18 № ....

Nur für die Zeit vom .... bis ....

Nur für folgende Tage:

Wandergewerbeschein

gültig, vorbehaltlich der Entrichtung der Landessteuern, zunächst nur für den Bezirk ....
für andere Bezirke erst, wenn er darauf ausgedehnt ist.

....

wohnhaft zu ...., staatsangehörig in ...., ist befugt, unter Mitführung der umstehend bezeichneten Personen, ...

....

....

....

.........................., den .... 18....

2

Beschreibung der Person des Inhabers.

Gestalt: .... Augen: .... Haar: ....

Alter: .... Besondere Kennzeichen: ....

.... Unterschrift: ....

Zur Mitführung sind folgende Personen zugelassen.

1. .... aus ....

Gestalt: .... Augen: .... Haar: ....

Alter: .... Besondere Kennzeichen: ....

.... Unterschrift: ....

2. .... aus ....

Gestalt: .... Augen: .... Haar: ....

Alter: .... Besondere Kennzeichen: ....

.... Unterschrift: ....

3. .... aus ....

Gestalt: .... Augen: .... Haar: ....

Alter: .... Besondere Kennzeichen: ....

.... Unterschrift: ....

(Seite 3 bis 14 leeres Papier).

— 15

Bescheinigung über die Entrichtung der Landessteuern, soweit dieserhalb nicht eine besondere Bescheinigung ertheilt wird.

Besteuerungs-Nachweis

für ……………………………………………………………

aus ……………………………………………, welche …… den

Betrieb nachstehenden Gewerbes im Umherziehen beabsichtiget:

……………………………………………………………

……………………………………………………………

Normalanlage nach Tar.-Nr. ……	ℳ	pf.
Betriebsanlage für ……………………	ℳ	pf.
Summe	ℳ	pf.

Bezahlt sind:

ℳ	pf.	Steuer für das Jahr …………
ℳ	pf.	Kreisumlage nach ……… Prozent
ℳ	pf.	Summe

…………………………, den ……………………………

Königliches Rentamt.

Die Gemeinde- und Distriktsumlagen sind

— 16 —

bezahlt mit:

Die Gebühr zu 2 ℳ (Geb.-Reg.-Nr. ....) ist bezahlt.

...., den ....

17

7. In jedem Bundesstaate muß der Inhaber dieses Scheines, bevor er den Gewerbebetrieb beginnt, den für den Staat geltenden Steuervorschriften genügt haben. Insbesondere hat er die Landessteuern (Steuern, Gebühren und sonstige Abgaben) zu entrichten.

Berlin, gedruckt in der Reichsdruckerei.

Rückseite des Umschlags.

Vorderseite des Umschlags.

Formular B
für Inländer

Innenseite des Umschlags.

Zur Beachtung.

Der Inhaber dieses Scheines hat bei dem Gewerbebetriebe die reichs- und landesgesetzlichen Vorschriften zu beobachten. Insbesondere:

1. Er hat den Schein während der Ausübung des Gewerbebetriebes stets bei sich zu führen, auf Erfordern der zuständigen Behörden oder Beamten vorzuzeigen und, sofern er hierzu nicht im Stande ist, auf deren Geheiß den Betrieb bis zur Herbeischaffung des Scheines einzustellen. Er darf den Schein anderen nicht überlassen.

2. Er darf bei dem Gewerbebetriebe keine Person mit sich führen, die in dem Scheine nicht genannt ist.

3. Er darf mit anderen als den auf der ersten Seite des Scheines bezeichneten Waaren und Leistungen das Gewerbe nicht beitreiben.

Ausgeschlossen vom Ankauf oder Feilbieten im Umherziehen sind: geistige Getränke, soweit nicht das Feilbieten derselben von der Ortspolizeibehörde im Falle besonderen Bedürfnisses vorübergehend gestattet ist; gebrauchte Kleider, gebrauchte Wäsche, gebrauchte Betten und gebrauchte Bettstücke, insbesondere Bettfedern, Menschenhaare, Garnabfälle, Enden und Dräumen von Seide, Wolle, Leinen oder Baumwolle; Gold- und Silberwaaren, Bruchgold und Bruchsilber, sowie Taschenuhren; Spielkarten; Staats- und sonstige Werthpapiere, Lotterieloose; explosive Stoffe, insbesondere Feuerwerkskörper, Schießpulver und Dynamit; solche mineralische und andere Oele, welche leicht entzündlich sind, insbesondere Petroleum, sowie Spiritus; Stoß-, Hieb- und Schußwaffen, Gifte und gifthaltige Waaren; Arznei- und Geheimmittel.

Ausgeschlossen vom Feilbieten im Umherziehen sind ferner: Druckschriften, andere Schriften und Bildwerke, insofern sie in sittlicher oder religiöser Beziehung Aergerniß zu geben geeignet sind, oder welche mittelst Zusicherung von Prämien oder Gewinnen vertrieben werden.

Endlich sind von dem Gewerbebetriebe im Umherziehen ausgeschlossen: die Ausübung der Heilkunde, insoweit der Ausübende

B Fortsetzung siehe auf dem letzten Blatt.

1

Nur für das Jahr 18............ №. ....

Wandergewerbeschein

gültig, vorbehaltlich der Entrichtung der Landessteuern, für das ganze Reichsgebiet.

....

wohnhaft zu ...., staatsangehörig in

...., ist befugt, unter Mitführung

der umstehend bezeichneten Personen, ...

....

....

....

....

...., den 18

Bayern. 1

2

Beschreibung der Person des Inhabers.

Gestalt: .... Augen: .... Haar: ....

Alter: .... Besondere Kennzeichen: ....

.... Unterschrift: ....

Zur Mitführung sind folgende Personen zugelassen.

1 .... aus ....

Gestalt: .... Augen: .... Haar: ....

Alter: .... Besondere Kennzeichen: ....

.... Unterschrift: ....

2. .... aus ....

Gestalt: .... Augen: .... Haar: ....

Alter: .... Besondere Kennzeichen: ....

.... Unterschrift: ....

3. .... aus ....

Gestalt: .... Augen: .... Haar: ....

Alter: .... Besondere Kennzeichen: ....

.... Unterschrift: ....

(Seite 3 bis 6 leeres Papier).

— 7

Bescheinigung über die Entrichtung der Landessteuern, soweit dieserhalb nicht eine besondere Bescheinigung ertheilt wird.

Besteuerungs-Nachweis

für ....

aus .... , welche ...... den

Betrieb nachstehenden Gewerbes im Umherziehen beabsichtiget:

....

....

Normalanlage nach Tar.-Nr.	*M*	*pf.*
Betriebsanlage für	*M*	*pf.*
Summe	*M*	*pf.*

Bezahlt sind:

M *pf.* Steuer für das Jahr ....

M *pf.* Kreisumlage nach .... Prozent

M *pf.* Summe

.... , den ....

Königliches Rentamt.

Die Gemeinde- und Distriktsumlagen sind

— 8 —

bezahlt mit:

Gebühr (Geb.-Reg.-Nr. ....) bezahlt mit 2 M. — pf.

Die Abgabe nach der Verordnung vom 26. November 1875 bezahlt für d......... Ort.........

....

.... mit M. pf.

für d.......... Verwaltungsbezirk ....

....

.... mit M. pf.

für d.......... Regierungsbezirk..............................

.... mit M. pf.

Summe . . . M. pf.

...., den ....

für dieselbe nicht approbirt ist; das Aufsuchen sowie die Vermittelung von Darlehensgeschäften und von Rückkaufsgeschäften ohne vorgängige Bestellung, ferner das Aufsuchen von Bestellungen auf Staats- und sonstige Werthpapiere, Lotterieloose und Bezugs- und Antheilscheine auf Werthpapiere und Lotterieloose; das Aufsuchen von Bestellungen auf Branntwein und Spiritus bei Personen, in deren Gewerbebetriebe dieselben keine Verwendung finden.

4. Im Zollgrenzbezirk ist für den Handel im Umherziehen noch besondere Erlaubniß nöthig; in der Erlaubniß werden das Gebiet und die Waaren, für welche sie gilt, ausdrücklich bezeichnet.

5. Zum Zwecke des Gewerbebetriebes ist ohne vorgängige Erlaubniß der Eintritt in fremde Wohnungen, sowie zur Nachtzeit das Betreten fremder Häuser und Gehöfte nicht gestattet.

6. In jedem Bundesstaate muß der Inhaber dieses Scheines, bevor er den Gewerbebetrieb beginnt, den für den Staat geltenden Steuervorschriften genügt haben. Insbesondere hat er die Landessteuern (Steuern, Gebühren und sonstige Abgaben) zu entrichten.

7. Wer Druckschriften, andere Schriften oder Bildwerke im Umherziehen feilbieten will, hat ein Verzeichniß derselben der zuständigen Verwaltungsbehörde seines Wohnortes zur Genehmigung vorzulegen. Der Gewerbetreibende darf nur die in dem genehmigten Verzeichnisse enthaltenen Druckschriften, anderen Schriften oder Bildwerke bei sich führen, und ist verpflichtet, das Verzeichniß während der Ausübung des Gewerbebetriebes bei sich zu führen, auf Erfordern der zuständigen Behörden oder Beamten vorzuzeigen und, sofern er hierzu nicht im Stande ist, auf deren Geheiß den Betrieb bis zur Herbeischaffung des Verzeichnisses einzustellen.

B Berlin, gedruckt in der Reichsdruckerei.

Rückseite des Umschlags.

Vorderseite des Umschlags.

Formular C
für Ausländer

Innenseite des Umschlags.

Zur Beachtung.

Der Inhaber dieses Scheines hat bei dem Gewerbebetriebe die reichs- und landesgesetzlichen Vorschriften zu beobachten. Insbesondere:

1. Er hat den Schein während der Ausübung des Gewerbebetriebes stets bei sich zu führen, auf Erfordern der zuständigen Behörden oder Beamten vorzuzeigen und, sofern er hierzu nicht im Stande ist, auf deren Geheiß den Betrieb bis zur Herbeischaffung des Scheines einzustellen. Er darf den Schein anderen nicht überlassen.
2. Er darf bei dem Gewerbebetriebe keine Person mit sich führen, die in dem Scheine nicht genannt ist.
3. Er darf mit anderen als den auf der ersten Seite des Scheines bezeichneten Waaren und Leistungen das Gewerbe nicht beitreiben.

Ausgeschlossen vom Ankauf oder Feilbieten im Umherziehen sind: geistige Getränke, soweit nicht das Feilbieten derselben von der Ortspolizeibehörde im Falle besonderen Bedürfnisses vorübergehend gestattet ist; gebrauchte Kleider, gebrauchte Wäsche, gebrauchte Betten und gebrauchte Bettstücke, insbesondere Bettfedern, Menschenhaare, Garnabfälle, Enden und Dräumen von Seide, Wolle, Leinen oder Baumwolle; Gold- und Silberwaaren, Bruchgold und Bruchsilber, sowie Taschenuhren; Spielkarten; Staats- und sonstige Werthpapiere, Lotterieloose; explosive Stoffe, insbesondere Feuerwerkskörper, Schießpulver und Dynamit; solche mineralische und andere Oele, welche leicht entzündlich sind, insbesondere Petroleum, sowie Spiritus; Stoß-, Hieb- und Schußwaffen, Gifte und gifthaltige Waaren; Arznei- und Geheimmittel.

Ausgeschlossen vom Feilbieten im Umherziehen sind ferner: Druckschriften, andere Schriften und Bildwerke, insofern sie in sittlicher oder religiöser Beziehung Aergerniß zu geben geeignet sind, oder welche mittelst Zusicherung von Prämien oder Gewinnen vertrieben werden.

Endlich sind von dem Gewerbebetriebe im Umherziehen ausgeschlossen: die Ausübung der Heilkunde, insoweit der Ausübende

'B Fortsetzung siehe auf dem letzten Blatt.

— 1 —

Nur für das Jahr 18 № ....

Nur für die Zeit vom .... bis ....

Nur für folgende Tage:

Wandergewerbeschein

gültig, vorbehaltlich der Entrichtung der Landessteuern, zunächst nur für den Bezirk ....
für andere Bezirke erst, wenn er darauf ausgedehnt ist.

....

wohnhaft zu ...., staatsangehörig in ...., ist befugt, unter Mitführung der umstehend bezeichneten Personen, ...

....

....

....

...., den .... 18......

2

Beschreibung der Person des Inhabers.

Gestalt: .... Augen: .... Haar: ....

Alter: .... Besondere Kennzeichen: ....

.... Unterschrift: ....

Zur Mitführung sind folgende Personen zugelassen.

1. .... aus ....

Gestalt: .... Augen: .... Haar: ....

Alter: .... Besondere Kennzeichen: ....

.... Unterschrift: ....

2. .... aus ....

Gestalt: .... Augen: .... Haar: ....

Alter: .... Besondere Kennzeichen: ....

.... Unterschrift: ....

3. .... aus ....

Gestalt: .... Augen: .... Haar: ....

Alter: .... Besondere Kennzeichen: ....

.... Unterschrift: ....

(Seite 3 bis 6 leeres Papier).

— 7

Bescheinigung über die Entrichtung der Landessteuern, soweit dieserhalb nicht eine besondere Bescheinigung ertheilt wird.

Besteuerungs-Nachweis

für ....

aus ...., welche .... den

Betrieb nachstehenden Gewerbes im Umherziehen beabsichtiget:

....,

....

Normalanlage nach Tar.=Nr. .... *M* *pf.*

Betriebsanlage für .... *M* *pf.*

Summe . . . . *M* *pf.*

Bezahlt sind:

M *pf.* Steuer für das Jahr ....

M *pf.* Kreisumlage nach .... Prozent

M *pf.* Summe

...., den ....

Königliches Rentamt.

Die Gemeinde= und Distriktsumlagen sind

bezahlt mit:

Gebühr (Geb.-Reg.-Nr. ....) bezahlt mit 2 M — pf.

Die Abgabe nach der Verordnung vom 26. November 1875 bezahlt für d............ Ort............

....

.... mit M pf.

für d............ Verwaltungsbezirk ....

....

.... mit M pf.

für d............ Regierungsbezirk ....

.... mit M pf.

Summe . . . M pf.

...., den ....

für dieselbe nicht approbirt ist; das Aufsuchen sowie die Vermittelung von Darlehensgeschäften und von Rückkaufsgeschäften ohne vorgängige Bestellung, ferner das Aufsuchen von Bestellungen auf Staats- und sonstige Werthpapiere, Lotterieloose und Bezugs- und Antheilscheine auf Werthpapiere und Lotterieloose; das Aufsuchen von Bestellungen auf Branntwein und Spiritus bei Personen, in deren Gewerbebetriebe dieselben keine Verwendung finden.

4. Im Zollgrenzbezirk ist für den Handel im Umherziehen noch besondere Erlaubniß nöthig; in der Erlaubniß werden das Gebiet und die Waaren, für welche sie gilt, ausdrücklich bezeichnet.

5. Zum Zwecke des Gewerbebetriebes ist ohne vorgängige Erlaubniß der Eintritt in fremde Wohnungen, sowie zur Nachtzeit das Betreten fremder Häuser und Gehöfte nicht gestattet.

6. In jedem Bundesstaate muß der Inhaber dieses Scheines, bevor er den Gewerbebetrieb beginnt, den für den Staat geltenden Steuervorschriften genügt haben. Insbesondere hat er die Landessteuern (Steuern, Gebühren und sonstige Abgaben) zu entrichten.

7. Wer Druckschriften, andere Schriften oder Bildwerke im Umherziehen feilbieten will, hat ein Verzeichniß derselben der zuständigen Verwaltungsbehörde seines Wohnortes zur Genehmigung vorzulegen. Der Gewerbetreibende darf nur die in dem genehmigten Verzeichnisse enthaltenen Druckschriften, anderen Schriften oder Bildwerke bei sich führen, und ist verpflichtet, das Verzeichniß während der Ausübung des Gewerbebetriebes bei sich zu führen, auf Erfordern der zuständigen Behörden oder Beamten vorzuzeigen und, sofern er hierzu nicht im Stande ist, auf deren Geheiß den Betrieb bis zur Herbeischaffung des Verzeichnisses einzustellen.

B Berlin, gedruckt in der Reichsdruckerei.

Rückseite des Umschlags.

....

3.

Königlich Allerhöchste Verordnung vom 27. Dezember 1883, den Vollzug der Novelle vom 1. Juli 1883 zur Reichsgewerbe-Ordnung betr.

(Gesetz- und Verordnungsblatt 1883 Seite 511.)

(Auszug).

Wir finden Uns bewogen, in Rücksicht auf das Reichsgesetz vom 1. Juli 1883, betreffend Abänderung der Gewerbeordnung (Reichsgesetzblatt Seite 159 ff.) zu verordnen, was folgt:

§ 1.

Zur Ertheilung der Erlaubniß für den in § 33a der Gewerbeordnung bezeichneten Gewerbebetrieb, sowie zur Zurücknahme der Erlaubniß und zur Untersagung dieses Gewerbebetriebs sind die Distriksverwaltungsbehörden, in München die Polizeidirektion, zuständig.

§ 2.

Zur Ertheilung der in § 33b der Gewerbeordnung bezeichneten ortspolizeilichen Erlaubniß ist in München die Polizeidirektion zuständig.

§ 3.

Bezüglich der Zuständigkeit zur Untersagung des Betriebs der in § 35 der Gewerbeordnung bezeichneten Gewerbe und zur Entgegennahme der Anzeigen von dem Beginne dieser Gewerbe verbleibt es bei der Bestimmung in § 12 Unserer Verordnung vom 4. Dezember 1872, den Vollzug der Gewerbeordnung für den Norddeutschen Bund in Bayern betreffend (Regierungsblatt Seite 2682).

§ 4.

Die in § 42a Abs. 3 der Gewerbeordnung den Ortspolizeibehörden vorbehaltene Zuständigkeit wird in München vom Magistrate ausgeübt.

§ 5.

Die den höheren Verwaltungsbehörden in § 42b Abs. 1 und 4 der Gewerbeordnung zugewiesenen Befugnisse werden von den Kreisregierungen, Kammern des Innern, ausgeübt.

Die gegen die Versagung oder Zurücknahme der Erlaubniß, sowie gegen die Untersagung des Gewerbebetriebs nach § 42b Abs. 2 und 3 zulässigen Rekurse werden von den Kreisregierungen, Kammern des Innern, verbeschieden.

§ 6.

An Stelle des § 16 Unserer Verordnung vom 4. Dezember 1872 treten folgende Bestimmungen:

Zur Ausstellung und Zurücknahme der Gewerbe-Legitimationskarten für inländische und ausländische Handelsreisende (§ 44a der Gewerbeordnung und Ziffer II, B, 2 der Bundesrathsordnung vom 31. Oktober 1883, Gesetz- und Verordnungsbtatt 1883 S. 473) sind die Distriksverwaltungsbehörden, in München der Magistrat zuständig.[1])

Für die Gewerbe-Legitimationskarten der inländischen Handelsreisenden ist ein den Bestimmungen der Zollvereins- und Handelsverträge entsprechendes Formular anzuwenden.[2])

Ueber die an Handelsreisende ausgestellten Gewerbe-Legitimationskarten ist von den Distriksverwaltungsbehörden ein fortlaufendes jährlich abzuschließendes Verzeichniß nach dem anliegenden Formular D zu führen.

[1]) Vergl. § 23 der Minist.-Entschließung vom 4. Novbr. 1881, M.-A.-Bl. S. 428, und autogr. Minist.-Entschl. vom 22. Oktober 1889 Nr. 11544, Gebührenbewerthung betreffend.
[2]) Dieses Formular ist am Schlusse gegenwärtiger Verordnung abgedruckt.

§ 7.

An Stelle des § 18 Unserer Verordnung vom 4. Dezember 1872 treten folgende Bestimmungen:

Ueber die Zurücknahme der in § 29 der Gewerbeordnung bezeichneten Approbationen entscheiden in erster Instanz die Kreisregierungen, Kammern des Innern, dann in zweiter Instanz, soweit nicht die gesetzliche Zuständigkeit des Verwaltungsgerichtshofes Platz greift, Unser Staatsministerium des Innern im Benehmen mit Unserem

Staatsministerium des Innern für Kirchen- und Schulangelegenheiten. Vor der Entscheidung der Kreisregierung ist ein Ausschuß der betreffenden Aerztekammer, beziehungsweise des thierärztlichen Kreisvereins oder des Apothekergremiums gutachtlich zu vernehmen. Zu diesem Zwecke haben die einzelnen Aerztekammern, thierärztlichen Kreisvereine und Apotheker-Gremien aus ihrer Mitte alljährlich je einen aus höchstens fünf Mitgliedern bestehenden Ausschuß zu wählen. Vor der Entscheidung der zweiten Instanz ist der Obermedizinalausschuß gutachtlich zu vernehmen.

Ueber die Zurücknahme der Konzessionen für Unternehmer von Privat-Kranken-, Privat-Entbindungs- und Privat-Irrenanstalten, sowie der Berechtigung zur Ausübung des Hebammenberufs (§ 30 der Gewerbeordnung), der Erlaubniß für Schauspielunternehmer und für Wirthe (§§ 32, 33 daselbst), der besonderen Genehmigung zum Gifthandel (§ 34 daselbst) und der Bestallungen nach § 36 der Gewerbeordnung, sowie über die Einstellung des Geschäftsbetriebs gemäß § 1 Absatz 3 des Gesetzes vom 12. Juni 1872, betreffend die Einführung der Gewerbeordnung des Norddeutschen Bundes vom 21. Juni 1869 in Bayern und die Abänderung einiger Strafbestimmungen der Gewerbeordnung, haben die einschlägigen Distriktsverwaltungsbehörden in erster, dann die Kreisregierungen, Kammern des Innern, in zweiter und letzter Instanz zu entscheiden, vorbehaltlich der gesetzlichen Zuständigkeit des Verwaltungsgerichtshofs.

§ 9.

An Stelle der §§ 19—21 und 25—27 Unserer Verordnung vom 4. Dezember 1872 treten folgende Bestimmungen:

Zur Ertheilung und Zurücknahme der Wandergewerbescheine (§ 55 der Gewerbeordnung und Ziffer II, A, 1 der Bundesraths-Verordnung vom 31. Oktober 1883), zur Genehmigung des Druckschriftenverzeichnisses (§ 56 Absatz 4 der Gewerbeordnung), zur Ausdehnung der Wandergewerbescheine auf einen anderen Bezirk und zur

Zurücknahme der Ausdehnung, zur Ertheilung und Zurücknahme der Erlaubniß zur Mitführung von anderen Personen beim Gewerbebetrieb im Umherziehen, zur Gestattung von Versteigerungen gemäß § 56c Absatz 1 der Gewerbeordnung, zur Untersagung des Gewerbebetriebs im Falle des § 59 a und zur Erlassung der in § 60b Absatz 1 bezeichneten Verfügung sind sowohl gegenüber Inländern wie gegenüber Ausländern die Distriktsverwaltungsbehörden zuständig. In München sind die erwähnten Befugnisse, soferne es sich um einen Gewerbebetrieb im Umherziehen mit Preßerzeugnissen handelt, von der Polizeidirektion, in allen übrigen Fällen vom Magistrate auszuüben.

Die Ortspolizeibehörde im Sinne des § 56 Absatz 2 Ziffer 1 und des § 60 b Absatz 2 der Gewerbeordnung ist in München der Magistrat. Im Falle des § 60 a ist die Polizeidirektion zuständig.

Die in § 55 Abs. 1 der Gewerbeordnung den höheren Verwaltungsbehörden zugewiesene Befugniß wird von den Kreisregierungen, Kammern des Innern, ausgeübt.

Die Distriksverwaltungsbehörden haben über die von ihnen ertheilten, beziehungsweise ausgedehnten Wandergewerbescheine fortlaufende, jährlich abzuschließende Verzeichnisse nach dem anliegenden Formular J zu führen.

§ 10.

Gegenwärtige Verordnung tritt am 1. Januar 1884 in Kraft.

Auf das Jahr …………

Gewerbe-Legitimationskarte

für Handlungsreisende.

No. der Karte …………

(Wappen).

Gültig in dem Deutschen Reich, in Luxemburg, Oesterreich-Ungarn, Portugal, Rumänien, in der Schweiz, in Serbien und Spanien.

Inhaber:[1])

……………………………………………………

……………………………, den ……………… 189…

……………………………………

……………………………………

Auf guillochirtem Ueberdruck, dessen Farbe alljährlich wechselt.

[1]) Auf der ersten Seite sind, außer der Nummer der Karte, welche mit der entsprechenden Nummer des zu führenden Verzeichnisses übereinstimmen muß, Vor- und Zuname des Inhabers Ort und Datum der Ausstellung, die Fertigung und das Siegel der ausstellenden Behörde und endlich der Betrag der erhobenen Gebühr nebst der Nummer des Gebührenregisters zu setzen.

Es wird hiermit bescheinigt, dass Inhaber dieser Karte[2]) ....

....

....

....

....

Ferner wird, da Inhaber für Rechnung dieser Firma

....

....

....

....

Waarenbestellungen aufzusuchen und Waarenankäufe zu machen beabsichtigt, bescheinigt, dass für den Gewerbebetrieb vorgedachter Firm..... im hiesigen Lande die gesetzlich bestehenden Abgaben zu entrichten sind.

---

[2]) Die Eintragung auf dieser Seite hat verschieden zu lauten, je nachdem der Inhaber für seine eigene Firma oder für eine fremde Firma zu reisen beabsichtiget, jedenfalls aber sind die betr. Firmen genau zu bezeichnen; z. B.

„Es wird hiemit bescheinigt, daß Inhaber dieser Karte eine (Art der Fabrik oder Handlung) in . . . . unter der Firma . . . . besitzt. Ferner wird, da Inhaber für Rechnung dieser Firma und außerdem nachfolgender Firmen:

1. . . . . (Art der Fabrik oder Handlung) in . . . .
2. . . . . (Art der Fabrik oder Handlung) in . . . .

Waarenbestellungen aufsuchen ꝛc. ꝛc. ꝛc."

Oder:

„Es wird hiemit bescheinigt, daß Inhaber dieser Karte als Handlungsreisender im Dienste der Firma . . . . in . . . . steht, welche eine (Art der Fabrik oder Handlung) daselbst besitzt. Ferner wird, da Inhaber für Rechnung dieser Firma und außerdem der Firma . . . . (Art der Fabrik oder Handlung) in . . . . Waarenbestellungen ꝛc. ꝛc. ꝛc.

Bezeichnung der Person des Inhabers.

Alter: .... Gestalt: .... Haare: ....

Besondere Kennzeichen: ....

....

Unterschrift: ....

Zur Beachtung.

Inhaber dieser Karte ist ausschliesslich im Umherziehen und ausschliesslich für Rechnung der vorgedachten Firm...... berechtigt, Waarenbestellungen aufzusuchen und Waareneinkäufe zu machen. Er darf nur Waarenmuster, aber keine Waaren mit sich führen. Ausserdem hat er die in jedem Staate gültigen Vorschriften zu beachten; insbesondere umstehende.

1. Für das Deutsche Reich und Luxemburg.

Inhaber deutscher oder luxemburgischer Legitimationskarten sind befugt, beim Waarenankauf die angekauften Waaren behufs deren Beförderung nach dem Bestimmungsort mit sich zu führen.

Das Aufkaufen von Waaren darf in Deutschland nur bei Kaufleuten oder solchen Personen, welche die Waaren produziren, oder in offenen Verkaufsstellen erfolgen. Inhaber ist verpflichtet, die Karte während der Ausübung des Gewerbebetriebes bei sich zu führen, auf Erfordern der zuständigen Behörden oder Beamten vorzuzeigen und, sofern er hierzu nicht im Stande ist, auf deren Geheiss den Betrieb bis zur Herbeischaffung der Karte einzustellen. Er darf dieselbe Anderen nicht überlassen.

In Luxemburg dürfen Bestellungen, abgesehen von geistigen Getränken, nur bei Personen gesucht werden, welche mit Waaren, deren Muster der Inhaber dieser Karte bei sich führt, Handel treiben.

2. Für Oesterreich-Ungarn.

Ein Handlungsreisender hat nur das Recht, mit Kaufleuten, Fabrikanten und Gewerbsleuten in Gegenständen des beiderseitigen Geschäftsbetriebes Geschäfte anzuknüpfen, ihnen zu diesem Behufe Waarenmuster zur Einsicht vorzulegen und Preise der Waaren seiner Vollmachtgeber mitzutheilen, von ihnen Bestellungen auf solche Waaren anzunehmen und gemachte Bestellungen an seine Kommittenten zu überschreiben, sowie für Rechnung derselben Einkäufe zu machen.

Derselbe ist dagegen nicht berechtigt, Geschäfte für Rechnung anderer als des eigenen oder des Vollmacht gebenden Handels- oder Fabrikhauses und Gewerbeunternehmers einzuleiten oder abzuschliessen. Er darf sich nicht durch einen Andern vertreten lassen, sondern hat die Geschäfte persönlich zu betreiben und es ist ihm nicht gestattet, ausser den Mustern noch andere Waaren mit sich zu führen, Waarenlager oder Magazine zu halten, irgend einen Waarenverschleiss zu treiben und in Agenturgeschäfte mit Personen zu treten, welche dem Handels- oder Fabriksstande nicht angehören.

Zusatz für Ungarn: Die Beschränkungen des Rechts der Handlungsreisenden auf den Verkehr mit Kaufleuten und Gewerbetreibenden haben in Ungarn derzeit bis auf weitere Verfügung keine Geltung.

Formular D.

Verzeichniß

der im Jahre . . . von dem k. Bezirksamte (Magistrate) . . . .
an Handelsreisende ausgestellten Gewerbelegitimationskarten.

Fortl. Nummer	Tag der Ausstellung	Art der Karte (für Inländer oder Ausländer)	Vor- und Zuname des Reisenden	Wohnort	Firmen der von dem Reisenden vertretenen Häuser	Geschäftszweige der von dem Reisenden vertretenen Häuser	Sitze der von dem Reisenden vertretenen Häuser	Bemerkungen (Vermerk über bezahlte Gebühren)

Formular J.

Verzeichniß

der im Jahre . . . . bei (Behörde) . . . . zum Gewerbebetrieb im Umherziehen ertheilten, beziehungsweise ausgedehnten Wandergewerbescheine.

Fortlauf. Nummer	Tag der		Vor- und Zuname des Gewerbetreibenden	Wohnort, beziehungsweise Heimath	Gewerbe unter Angabe der Steuer-Tarif-Nummer	Formular (A, B o. C)	Gesellschafter oder zur Mitführung zugelassene a. Pers.			Giltigkeitsdauer der Ausstellung o. Ausdehnung (§ 60 Abs. 2)	Die besondere Abgabe wurde bezahlt		Gebühr bezahlt mit M. Pf.
	Ertheilung	Ausdehnung					Vor- und Zuname	Wohnort bez. Heimath	Alter		für Bezirk	mit M. Pf.	

Bemerkung. Als Fälle der „Ausdehnung eines Wandergewerbescheines“ sind in dieses Verzeichniß nicht bloß die nach § 60 Abs. 2 der Gewerbeordnung und Ziff: II, A, 6 der Bundesrathsverordnung vom 31. Oktober 1883 erfolgenden Ausdehnungen, sondern auch diejenigen Fälle einzutragen, in welchen gemäß § 23 Abs. 2 und § 24 der Allerhöchsten Verordnung vom 4. Dezember 1872 die besondere Abgabe nachbezahlt wird. Ferner sind auch diejenigen Fälle einzutragen, in welchen andere Personen nachträglich zur Mitführung zugelassen werden.

III. Abtheilung.

Das bayerische Gesetz

über die

Besteuerung des Gewerbebetriebs im Umherziehen

vom 10. März 1879.

(Gesetz- und Verordnungsblatt 1879 S. 143—161.)

Wir haben nach Vernehmung Unseres Staatsrathes mit Beirath und Zustimmung der Kammer der Reichsräthe und der Kammer der Abgeordneten beschlossen und verordnen, was folgt:

Art. 1.[1])

Wer außerhalb seines Wohnortes,[2]) ohne Begründung einer gewerblichen Niederlassung[3]) und ohne vorgängige Bestellung[4]) in eigener Person

1. Waaren[5]) irgend einer Art außer selbstgewonnenen[6]) Erzeugnissen der Land- und Forstwirthschaft, des Garten- und Obstbaues, der Jagd und des Fischfangs feilbieten,[7])
2. Waaren irgend einer Art bei anderen Personen als bei Kaufleuten oder anderen Orten als in offenen Verkaufsstellen zum Wiederverkaufe ankaufen,
3. Waarenbestellungen aufsuchen,
4. gewerbliche oder künstlerische Leistungen oder Schaustellungen, bei welchen ein höheres wissenschaftliches oder Kunstinteresse nicht obwaltet, darbieten[8])

will, unterliegt der Steuer vom Gewerbebetrieb im Umherziehen nach den folgenden Bestimmungen, soweit nicht für den Betrieb von Wanderlagern in Art. 15 besondere Vorschriften gegeben sind.

[1]) Vergl. § 1—3 der Vollzugsvorschriften vom 16. März 1879.

[2]) Unter Wohnort ist der Gemeindebezirk des Wohnortes zu verstehen. Die Steuerfreiheit tritt auch für den in § 55 der Gew.-Ordg. vorgesehenen Fall in Wirksamkeit, wenn durch besondere Anordnung der Kreisregierung, Kammer des Innern, dem Gemeindebezirke die nächste Umgebung desselben gleichgestellt werden sollte (M.-E. vom 8. Febr. 1885).

3) Der Begriff „gewerbliche Niederlassung" richtet sich nach § 42 Abs. II der Gew.-Ordg.

4) Siehe die Anmerkg. zu § 55 der Gew.-Ordg.

5) Hinsichtlich des Viehhandels bestimmt die Finanz-Ministerial-Entschließung vom 29. Oktober 1881, F.-M.-Bl. S. 386 u. ff., Nachstehendes:

Der Steuer vom Gewerbebetrieb im Umherziehen unterliegen Händler, welche ohne vorgängige Bestellung außerhalb desjenigen Ortes, an welchem sie wohnen oder eine gewerbliche Niederlassung haben, dann außerhalb des Meß- und Marktverkehrs Vieh feilbieten; ebenso Händler, welche Vieh, um dasselbe in der vorerwähnten Weise wieder zu verkaufen, ohne vorgängige Bestellung außerhalb ihres Wohnortes oder des Ortes ihrer gewerblichen Niederlassung und außerhalb des Meß- und Marktverkehrs bei anderen Personen als bei Kaufleuten oder anderen Orten als in offenen Verkaufsstellen aufkaufen.

In seinen übrigen Betriebsformen ist der Viehhandel der Gewerbesteuer nach dem Gesetze vom 19. Mai 1881 (stehender Gewerbebetrieb) unterworfen. Wenn insbesondere Händler, welche den Viehhandel als stehendes Gewerbe treiben, sich darauf beschränken, Vieh im Umherziehen aufzukaufen, um dasselbe entweder am Sitze der eigenen gewerblichen Niederlassung oder im Marktverkehre oder auf Bestellung zu verkaufen, oder um dasselbe an größere auswärtige Plätze zu liefern, dann sind dieselben nicht nach dem Gesetze vom 10. März 1879 einzusteuern, sondern mit Gewerbesteuer nach dem Gesetze vom 19. Mai 1881 zu belegen. Hiebei hat es in Ansehung der Frage, ob der Viehhandel als stehendes Gewerbe betrieben werde, zunächst darauf anzukommen, daß der Gewerbebetrieb als ein stehender angemeldet worden sei und versteuert wird, auch wenn der Händler am Orte der gewerblichen Niederlassung Stallungen oder sonstige größere Verkaufseinrichtungen nicht besitzt.

Viehhändler, welche ihren Handel gleichzeitig unter den Formen des Gewerbebetriebs im Umherziehen und in stehender Weise ausüben, unterliegen der Besteuerung sowohl nach dem Gesetze vom 10. März 1879 als nach dem Gewerbesteuergesetze vom 19. Mai 1881.

6) Ueber den Begriff „selbstgewonnene" siehe Anmerkung zu § 59 der Gew.-Ordg. und § 2 der Vollzugs-Vorschriften zu diesem Gesetze.

7) Diese Ausnahme kann unbedenklich auf selbstgewonnene Erzeugnisse der Geflügel- und Bienenzucht ausgedehnt werden, soferne deren Gewinnung mit dem Betriebe der Landwirthschaft oder auch (bei Erzeugnissen der Bienenzucht) mit dem Betriebe des Gartenbaues verbunden wird.

Unzulässig erscheint es dagegen, die für das Feilbieten selbstgewonnener Erzeugnisse ertheilte Vergünstigung auch auf das im Umherziehen stattfindende Feilbieten roher, aber nicht selbstgewonnener Erzeugnisse der Land- und Forstwirthschaft, des Garten- und Obstbaues, der Geflügel- und Bienenzucht, sowie der Jagd und Fischerei in Anwendung zu bringen. Zwar bedarf es zu solchem Feilbieten keines Wandergewerbescheines, eine Ausnahme von der Steuerpflicht besteht jedoch nicht. (M.-E. v. 8. Februar 1885.)

8) Bayerische Militärmusikkapellen als solche und die einzelnen Mitglieder derselben bezüglich ihrer Thätigkeit innerhalb der Kapelle sind für die Veranstaltung von Musikaufführungen, welche ohne vorgängige Bestellung außerhalb ihres Garnisonsortes bezw. in einer größeren Entfernung als fünfzehn Kilometer von demselben erfolgen, von der Lösung eines Wandergewerbscheines und von der Steuer für den Gewerbebetrieb im Umherziehen gesetzlich befreit, da bei den Leistungen der bayer. Militärmusikkapellen ein höheres musikalisches Kunstinteresse obwaltet.

Werden jedoch derartige Musikproduktionen nur von Abtheilungen einzelner bayer. Militärmusiken gegeben, oder findet deren Veranstaltung von Seite nicht bayerischer Militärmusikkapellen statt, dann besteht für dieselben sowohl das Erforderniß der Ausstellung eines Wandergewerbescheines als die Pflicht zur Entrichtung der Steuer nach dem Gesetze vom 10. März 1879, falls die betr. Musikabtheilungen oder außerbayerischen Militärmusikkapellen das Vorhandensein eines höheren Kunstinterresses bezüglich ihrer Leistungen nicht nachzuweisen vermögen und falls nicht Ziff. 5 des Art. 2 zutrifft (Finanz-Minist.-Entschließung vom 4. Aug. 1880, F.-M.-Bl. S. 210).

Vergl. auch Anmerk. zu § 33a der Gew.-Ordg. und § 4 der Vollzugsvorschriften vom 16. März 1879.

Art. 2.

Der Steuer vom Gewerbebetrieb im Umherziehen sind nicht unterworfen:

1. Kaufleute, Fabrikanten und andere Personen, welche ein stehendes Gewerbe betreiben, sowie die in deren Diensten befindlichen Reisenden, welche außerhalb des Ortes ihrer

gewerblichen Niederlassung, beziehungsweise der gewerblichen Niederlassung ihrer Geschäftsherren

a) Waarenbestellungen suchen, wenn sie von den Waaren, auf welche sie Bestellung suchen, nur Proben oder Muster[1]) mit sich führen,

b) Waaren aufkaufen, auch wenn sie die aufgekauften Waaren mit sich führen, soferne dieß nur behufs deren Beförderung nach dem Bestimmungsorte geschieht,[2])

2. diejenigen, welche ausschließlich im Meß- und Marktverkehr[3]) die in Art. 1 Ziff. 1 mit 3 bezeichneten Arten des Gewerbebetriebs ausüben,

3. Gewerbetreibende, welche außerhalb ihres Wohnortes bei öffentlichen Festen, Truppenzusammenziehungen oder anderen außergewöhnlichen Gelegenheiten solche Waaren, hinsichtlich deren dieß von den zuständigen Behörden gestattet ist, feilbieten,[4])

4. Gewerbetreibende, welche selbstgewonnene Waaren, hinsichtlich deren dieß nach Landesgebrauch hergebracht ist, zu Wasser verfahren und vom Fahrzeuge aus feilbieten,[5])

5. Gewerbetreibende, welche in nicht größerer Entfernung als fünfzehn Kilometer vom Wohnorte[6])

a) solche Verzehrungsgegenstände oder selbstverfertigte Waaren, welche zu den Gegenständen des Wochenmarktverkehrs[7]) gehören, feilbieten,

b) gewerbliche Leistungen, hinsichtlich deren dieß landesüblich ist, anbieten,

c) das Musikergewerbe ausüben.

[1]) Auf Grund des § 44 Abs. II der Gewerbeordnung hat der Bundesrath mittelst Bekanntmachung vom 31. Oktober 1883 (abgedruckt in Abth. II Nr. 2) Folgendes bestimmt:

„Gold- und Silberwaarenfabrikanten und -Großhändler sind befugt, auch außerhalb des Gemeindebezirkes ihrer gewerblichen Niederlassung, soferne diese im Inlande liegt, persönlich oder durch in ihrem Dienste stehende Reisende Gold- und Silberwaaren an Personen, die damit Handel treiben, feilzubieten und zu diesem Zwecke mit sich zu führen, vorausgesetzt, daß die Waaren, welche sie feilbieten, übungsgemäß an die Wiederverkäufer im Stücke abgesetzt werden. Dasselbe gilt von Taschenuhren- und Bijouteriewaaren-Fabrikanten und -Großhändlern, sowie von Gewerbetreibenden, welche mit Edelsteinen, Kameen und Korallen Großhandel treiben."

Da hiemit zum Ausdrucke gebracht ist, daß die vorstehende Art des Feilbietens zu den Befugnissen des stehenden Gewerbebetriebes gehört, finden auf dieselbe die Vorschriften des Gesetzes vom 10. März 1879 keine Anwendung. (Ziff. 4 der Minist.-Entschl. v. 8. Februar 1885.)

[2]) Nach den Bestimmungen in § 44 und 55 der Gewerbeordnung bedürfen diejenigen Handelsreisenden, welche

a) nicht für die Zwecke ihres Gewerbebetriebs Waaren aufkaufen oder Bestellungen suchen, oder

b) bei anderen Personen als Kaufleuten oder solchen, welche die Waaren produzieren, Waaren aufkaufen,

eines Wandergewerbescheines.

Die unter lit. b aufgeführte Beschränkung ist für die Frage der Besteuerung ohne Belang. In dem Falle lit. a kann die gesonderte Besteuerung des zweiten, im Umherziehen betriebenen Gewerbes nach Maßgabe des gegenwärtigen Gesetzes erfolgen, wenn sich aus den Umständen des Geschäftsbetriebes ergibt, daß außer dem im stehenden Betriebe ausgeübten Gewerbe noch ein weiteres Gewerbe im Umherziehen durch Aufkaufen von Waaren oder Suchen von Bestellungen auf Waaren betrieben wird, die mit ersterem Gewerbe in keinerlei Verbindung stehen. (M.-E. v. 8. Febr. 1885.)

[3]) Vergl. Titel IV der Gewerbeordnung und § 5 der Vollzugs-Vorschriften vom 16. März 1879.

[4]) Vergl. § 56 Abs. II Ziff. 1 mit § 60 Abs. I und § 59 Abs. I Ziff. 4 der Gewerbeordnung. Demnach ist zum Feilbieten geistiger Getränke ein Wandergewerbschein nothwendig.

[5]) Nur selbstgewonnene Waaren nicht auch Erzeugnisse sind steuerfrei.

Nachdem das im Umherziehen stattfindende Feilbieten selbstgewonnener Erzeugnisse der Land- und Forstwirthschaft, des Garten- und Obstbaues schon nach Art. 1 Ziff. 1 von der Steuer ausgenommen ist, kann die Steuerpflicht nur auf selbstgewonnene Erzeugnisse anderer Art als von der Erzeugung im Gewerbe, der Land- und Forstwirthschaft etc. herrührend, beispielsweise auf mineralische Erzeugnisse (Kohlen) wirksam werden. Ein Wandergewerbschein ist auch im letzteren Falle nicht erforderlich. (Ziff. 5 der M.-E. v. 8. Februar 1885.)

[6]) Die Steuerausnahme für den Geschäftsbetrieb in nicht größerer Entfernung als fünfzehn Kilometer vom Wohnorte umfaßt ein wesentlich weiteres Gebiet wie die analoge Vergünstigung, welche die Gewerbeordnung in § 59 Abs. I Ziff. 2 hinsichtlich der Wandergewerbscheinpflicht innerhalb der gleich großen Entfernung gewährt. Die eingeschränktere Vorschrift der Gewerbeordnung ist jedoch nur für die Wandergewerbscheinpflicht, nicht für die Steuerpflicht maßgebend. Gewerbetreibende, welche daher in nicht größerer Entfernung als fünfzehn Kilometer vom Wohnorte zu den Gegenständen des Wochenmarktverkehrs gehörige, aber nicht selbstverfertigte Verzehrungsgegenstände feilbieten oder das Musikgewerbe ausüben, unterliegen der Steuer vom Gewerbebetrieb im Umherziehen nicht, bedürfen aber eines Wandergewerbscheines.

[7]) Was zu den Gegenständen des Wochenmarkts gehört, bestimmt § 66 der Gewerbe-Ordnung.

Art. 3.

Im Betreffe der Angehörigen außerdeutscher Staaten, welche weder ihren Wohnsitz noch eine gewerbliche Niederlassung in einem deutschen Staate haben,[1]) treten, soferne nicht durch Verträge oder Vereinbarungen oder durch Anordnungen der Staatregierung anderweite Festsetzungen getroffen sind,[2]) nachstehende besondere Bestimmungen ein:

1. Dieselben sind der Steuer vom Gewerbebetrieb im Umherziehen auch dann unterworfen, wenn sie selbstgewonnene Erzeugnisse der Land- und Forstwirthschaft, des Garten- und Obstbaues, der Jagd und des Fischfangs ohne vorgängige Bestellung in eigener Person feilbieten.
2. Die Bestimmungen des Art. 2 Ziff. 1 finden auf dieselben und die in ihren Diensten stehenden Reisenden, welche für deren im Auslande betriebenes Geschäft Waaren aufkaufen oder Waarenbestellungen suchen, keine Anwendung.
3. Aller Handel (Verkauf und Ankauf von Waaren und Suchen von Waarenbestellungen) der Ausländer auf Messen und Jahrmärkten bleibt von der Besteuerung frei.
4. Desgleichen ist ihnen auf Wochenmärkten das Feilbieten

und der Ankauf von Verzehrungsgegenständen, welche dem Wochenmarktverkehr angehören, steuerfrei gestattet.

[1]) Während nach der Gewerbeordnung jeder Nichtangehörige des Deutschen Reiches als Ausländer gilt, werden hier alle diejenigen Ausländer, welche ihren Wohnsitz oder eine gewerbliche Niederlassung im Deutschen Reiche haben, den Inländern gleichgestellt.

[2]) Siehe § 6 der Vollzugsvorschriften vom 16. März 1879.

Art. 4.[1])

I Die Steuer von den im Umherziehen betriebenen Gewerben besteht in einer Normal- und einer Betriebsanlage, deren Größe sich nach dem beigefügten Steuertarif bemißt

II In allen jenen Fällen, in welchen nach den Anleitungen des Tarifs die Betriebsanlage durch die Anzahl der Begleiter des Gewerbetreibenden oder der Mitglieder einer Gesellschaft bestimmt wird, haben Familienangehörige des Unternehmers für die Berechnung nur dann in Betracht zu kommen, wenn dieselben an den Arbeiten des Gewerbes selbst theilnehmen.[2])

III Ist nach den Anleitungen des Tarifs die Betriebsanlage innerhalb eines Mindest- und Meistbetrags zu bemessen, so dienen für die Auswahl des Satzes der Betriebsanlage die Menge und der Werth der zum Verkauf bestimmten Waaren oder zur öffentlichen Schaustellung gebotenen Gegenstände, beziehungsweise die Größe des in dem Gewerbe verwendeten Betriebskapitals und erzielten Umsatzes als Anhaltspunkt.

IV Hiebei soll, wenn nicht besondere, den Umfang des Geschäftes wesentlich beschränkende Verhältnisse vorliegen, unter den vierten Theil des im Tarife angegebenen Meistsatzes der Betriebsanlage nicht herabgegangen werden.

V Wer mehrere unter verschiedene Tarifsätze fallende Gewerbe betreibt, ist nach dem höchstbesteuerten derselben anzulegen, soferne die Steuer nicht nach Ziff. 5 des Tarifs zu bemessen ist; das Nämliche gilt für den gleichzeitigen Betrieb mehrerer unter verschiedene Tarifsätze fallender Handelsgeschäfte.[3])

VI Bei solchen Gewerben im Umherziehen, welche im Tarif nicht erwähnt sind, wird die Normal- und Betriebsanlage nach Analogie des dem einzusteuernden nächst verwandten Gewerbes festgesetzt.

[1]) Siehe § 7 der Vollzugsvorschriften vom 16. März 1879.

[2]) Eine solche Theilnahme ist auch schon durch „Beförderung der Waaren“ „Wartung des Gespanns“ „Erhebung des Eintrittsgeldes“ „Austragung von Einladungen“ u. s. w. gegeben.

[3]) Lumpensammler dürfen nicht als Händler betrachtet werden, wenn sie nur geringfügige Tauschmittel, z. B. Bänder, Schnüre u. dgl. übliche Waaren, abgeben (Sten.-Ber. d. K. d. Abg. 1879 Bd. III S. 310).

Art. 5.[1])

Für den Gewerbebetrieb im Umherziehen geringerer Art kann, wenn der einem deutschen Staate angehörige Unternehmer in dem Geschäftsbetriebe durch besondere Umstände (hohes Alter, körperliche Gebrechen und dergleichen) beschränkt wird, durch die Steuer veranlagende Behörde eine Steuer-Ermäßigung in der Weise gewährt werden, daß bei der Normalanlage auf einen geringeren Betrag, äußersten Falles bis zum vierten Theile des tarifmäßigen Satzes herabgegangen werden und für den ersten Begleiter die Betriebsanlage außer Berechnung bleiben darf.

Außerdem ist die Staatsregierung ermächtigt, den Bewohnern einzelner Orte oder Bezirke des Königreichs für einzelne Gegenstände oder Erwerbsarten die Begünstigung einer Steuerermäßigung einzuräumen.[2])

[1]) Siehe § 8 der Vollzugsvorschriften vom 16. März 1879.

[2]) Steuerermäßigungen wurden vom kgl. Staatsministerium der Finanzen bewilligt:

Dernbach, den Bewohnern von —, k. Bezirksamts Bergzabern, für den Handel mit Bürsten und Schruppen auf die Hälfte des tarifmäßigen Betrages, M.-E. v. 9. Juni 1879, F.-M.-Bl. S. 92.

Eusserthal, den Bewohnern von —, k. Bezirksamts Bergzabern, für den Handel mit Bürsten und Schruppen auf die Hälfte des tarifmäßigen Betrages, M.-E. v. 16. Septbr. 1879, F.-M.-Bl. S. 267.

Frenshof, den Bewohnern von —, k. Bezirksamts Bamberg II, für den Handel mit Wagenschmiere auf die Hälfte des tarifmäßigen Betrages, M.-E. v. 27. August 1879, F.-M.-Bl. S. 165.

Fuchsmühl, den Bewohnern von —, k. Bezirksamts Tirschenreuth, für den Handel mit selbstverfertigten Siebmacherwaaren auf den vierten Theil des tarifmäßigen Betrages, M.-E. v. 12. Juli 1879, F.-M.-Bl. S. 105.

Fürnbach, den Bewohnern von —, k. Bezirksamts Haßfurt, für den Handel mit Pech, Wagenschmiere, geringwerthigen Viktualien, Seife und Lichtern auf die Hälfte des tarifmäßigen Betrages, M.-E. v. 27. August 1879, F.-M.-Bl. S. 165.

Grasheim, den Korbflechtern von —, k. Bezirksamts Neustadt a. D., auf den vierten Theil des tarifmäßigen Betrages, M.-E. v. 5. Juni 1879, F.-M.-Bl. S. 89.

Grub, den Bewohnern von —, k. Bezirksamts Bamberg II, für den Handel mit Wagenschmiere auf die Hälfte des tarifmäßigen Betrages, M.-E. v. 27. August 1879, F.-M.-Bl. S. 165.

Hallersdorf, den Bewohnern von —, k. Bezirksamts Bamberg II, für den Handel mit Wagenschmiere auf die Hälfte des tarifmäßigen Betrages, M.-E. v. 27. August 1879, F.-M.-Bl. S. 165.

Hartenstein, den Bewohnern von —, k. Bezirksamts Eschenbach,
a) für das im Umherziehen betriebene Siebmachergewerbe auf die Hälfte und
b) für den Handel mit Korbwaaren auf den vierten Theil des tarifmäßigen Satzes, M.-E. v. 23. Novbr. 1879, F.-M.-Bl. S. 529.

Heimenkirch, den Bewohnern von —, k. Bezirksamts Lindau, für den Verkauf von Strohwaaren auf die Hälfte des tarifmäßigen Betrages, M.-E. vom 27. August 1879, F.-M.-Bl. S. 165.

Karlshuld, den Korbflechtern von —, k. Bezirksamts Neustadt a. D., auf den vierten Theil des tarifmäßigen Betrages, M.-E. v. 5. Juni 1879, F.-M.-Bl. S. 89.

Karlskern, der Beschäftigungsanstalt, den Korbwaarenhändlern und Korbflechtern von —, k. Bezirksamt Neustadt a. D., auf den vierten Theil des tarifmäßigen Betrages, M.-E. v. 5. Juni 1879, F.-M.-Bl. S. 89.

Kirchaich, den Bewohnern von —, k. Bezirksamts Haßfurt, für den Handel mit Sämereien, Wetzsteinen, Sensen, Wagenschmiere, Pech und geringwerthigen Viktualien auf die Hälfte des tarifmäßigen Betrages, M.-E. v. 9. Juni 1879, F.-M.-Bl. S. 92.

Limbach, den Bewohnern von —, k. Bezirksamts Haßfurt, für den Handel mit Korbwaaren auf die Hälfte des tarifmäßigen Betrages, M.-E. v. 18. Oktober 1879, F.-M.-Bl. S. 414.

Lindenberg, den Bewohnern von —, k. Bezirksamts Lindau, für den Verkauf von Strohwaaren auf die Hälfte des tarifmäßigen Betrages, M.-E. v. 27. August 1879, F.-M.-Bl. S. 165.

Lisberg, den Bewohnern von —, k. Bezirksamts Bamberg II, zum Handel mit Wagenschmiere auf die Hälfte des tarifmäßigen Betrages, M.-E. v. 18. Juni 1879, F.-M.-Bl S. 97.

Mayerhöfen, den Bewohnern von —, k. Bezirksamts Lindau, für den Verkauf von Strohwaaren auf die Hälfte des tarifmäßigen Betrages, M.-E. v. 27. August 1879, F.-M.-Bl. S. 165.

Nagel, den Bewohnern von —, k. Bezirksamts Wunsiedel, für den Handel mit Weberwaaren oberfränkischen Ursprungs, dann mit selbstverfertigten Holz- und Strohwaaren auf den vierten Theil des tarifmäßigen Betrages, M.-E. v. 21. Juli 1879, F.-M.-Bl. S. 118.

Neuhausen, den Bewohnern von —, k. Bezirksamts Bamberg II, zum Handel mit Wagenschmiere auf die Hälfte des tarifmäßigen Betrages, M.E. v. 18. Juni 1879, F.-M.-Bl. S. 97.

Neuschleichach, den Bewohnern von —, k. Bezirksamts Haßfurt, für den Handel mit Holzwaaren, Sensen, Wetzsteinen, Wagenschmiere und geringwerthigen Viktualien auf die Hälfte des tarifmäßigen Betrages, M.-E. v. 9. Juni 1879, F.-M.-Bl. S. 92.

Plößberg, den Bewohnern von —, k. Bezirksamts Tirschenreuth, für den Verkauf von Beuteltuch auf den vierten Theil des tarifmäßigen Betrages, M.-E. v. 27. August 1879, F.-M.-Bl. S. 165.

Prisendorf, den Bewohnern von —, k. Bezirksamts Bamberg II, zum Handel mit Wagenschmiere auf die Hälfte des tarifmäßigen Betrages, M.-E. v. 18. Juni 1879, F.-M.-Bl. S. 97.

Ramberg, den Bewohnern von —, k. Bezirksamts Bergzabern, für den Handel mit Bürsten und Schruppen auf die Hälfte des tarifmäßigen Betrages, M.-E. v. 9. Juni 1879, F.-M.-Bl. S. 92.

Reußendorf-Silberhof, den Bewohnern von —, k. Bezirksamts Brückenau, für den Handel mit Steingut, Holzwaaren, Sägen, Wetzsteinen und Seife auf die Hälfte des tarifmäßigen Satzes, M.-E. v. 9. Juni 1879, F.-M.-Bl. S. 92.

Röthenbach, den Bewohnern von —, k. Bezirksamts Lindau, für den Verkauf von Strohwaaren auf die Hälfte des tarifmäßigen Betrages, M.-E. v. 27. Aug. 1879, F.-M.-Bl. S. 165.

Sand, den Bewohnern von —, k. Bezirksamts Haßfurt, für den Handel mit Korbwaaren auf die Hälfte des tarifmäßigen Betrages, M.-E. v. 9 Juni 1879, F.-M.-Bl. S. 92.

Scheidegg, den Bewohnern von —, k. Bezirksamts Lindau, für den Verkauf von Strohwaaren auf die Hälfte des tarifmäßigen Betrages, M.-E. v. 27. August 1879, F.-M.-Bl. S. 165.

Schönkirch, den Bewohnern von —, k. Bezirksamts Tirschenreuth, für den Verkauf von Beuteltuch auf den vierten Theil des tarifmäßigen Betrages, M.-E. v. 27. August 1879, F.-M.-Bl. S. 165.

Simmerberg, den Bewohnern von —, k. Bezirksamts Lindau, für den Verkauf von Strohwaaren auf die Hälfte des tarifmäßigen Betrages, M.-E. v. 27. August 1879, F.-M.-Bl. S. 165.

Theinheim, den Bewohnern von —, k. Bezirksamts Haßfurt, für den Handel mit Pech und Wagenschmiere auf die Hälfte des tarifmäßigen Betrages, M.-E. v. 27. August 1879, F.-M.-Bl. S. 165.

Werdenfels, den Bewohnern des Bezirkes — für den Handel mit Schnitzwaaren, Wetzsteinen, Sensen, Sicheln und Gsottmessern auf die Hälfte des tarifmäßigen Satzes, M.-E. v. 1. Mai 1879, F.-M.-Bl. S. 81.

Winzer, den Bewohnern von —, k. Bezirksamts Deggendorf, bezüglich des im Umherziehen betriebenen Korbflechtergewerbes und des Handels mit Korbflechterwaaren im Umherziehen auf den vierten Theil des tarifmäßigen Betrages, M.-E. v. 18. Juni 1879, F.-M.-Bl. S. 97.

Wüstenbuch, den Bewohnern von —, k. Bezirksamts Bamberg II, für den Handel mit Wagenschmiere auf die Hälfte des tarifmäßigen Betrages, M.-E. v. 7. Novbr. 1879, F.-M.-Bl. S. 495.

Zeil, den Bewohnern von —, k. Bezirksamts Haßfurt, für den Handel mit Korbwaaren auf die Hälfte des tarifmäßigen Betrages, M.-E. v. 9. Juni 1879, F.-M.-Bl. S. 92.

Zettmannsdorf, den Bewohnern von —, k. Bezirksamts Bamberg II, für den Handel mit Wagenschmiere auf die Hälfte des tarifmäßigen Betrages, M.-E. v. 27. August 1879, F.-M.-Bl. S. 165.

Art. 6.

I Die Steuer ist jeweils bei dem Geschäftsbeginne in Bayern für das Kalenderjahr im Voraus mit dem ganzen Betrage zu entrichten.[1])

II Die Steuerpflicht ist vorbehaltlich der in Art. 7, 8 und 14 gegebenen Vorschriften bei jenem Rentamte und an jenem Orte begründet, in welchem der Gewerbetreibende seinen Wohnsitz hat, oder wenn er einen Wohnsitz in Bayern nicht hat, bei jenem Rentamte, in dessen Bezirk von der Zeit der Geltung des gegenwärtigen Gesetzes an der Gewerbebetrieb begonnen, beziehungsweise der zu dem beabsichtigten Gewerbebetrieb nach den Vorschriften der Gewerbeordnung nothwendige Legitimationsschein von einer bayerischen Behörde ausgestellt wird.[2])

[1]) Nach § 60 der Gewerbeordnung können Wandergewerbescheine auch für eine kürzere Dauer als das Kalenderjahr oder für bestimmte Tage während des Kalenderjahres ausgestellt oder ausgedehnt werden. Für die Feststellung der Steuer und die Ertheilung des Besteuerungsnachweises kommt eine derartige Beschränkung nur insoweit in Betracht, als dadurch den obwaltenden Umständen nach etwa die Anwendung eines ermäßigten Steuersatzes gemäß Art. 5 Abs. I gerechtfertigt werden kann. Im Uebrigen bewendet es dabei, daß die Steuerentrichtung und Ertheilung des Besteuerungsnachweises für das Kalenderjahr erfolgt.

[2]) Hinsichtlich des Ortes der Steuerpflicht siehe die Ministerialbekanntmachung vom 1. Februar 1882, die Besteuerung des Gewerbebetriebs im Umherziehen, hier die Distrikts- und Gemeindeumlagen betr., Amtsbl. d St.-M. d. Innern S. 74 u. F.-M.-Bl. S. 29.

Art. 7.

I Wer ein der Steuer vom Gewerbebetrieb im Umherziehen unterliegendes Gewerbe ausüben will, ist gehalten, dasselbe vor Eröffnung des Betriebs behufs Entrichtung der Steuer anzumelden und sich für die jeweilige Betriebsdauer (Art. 6 Abs. 1) mit einem Nachweise über die Festsetzung der Steuer und deren Entrichtung zu versehen.

II Mit der Anmeldung hat der Pflichtige die Angabe jener Verhältnisse zu verbinden, welche für die Steueranlage maßgebend sind.[1])

[1]) Siehe § 12 u. 13 der Vollzugsvorschriften vom 16. März 1879.

Art. 8.[1])

I Die Anmeldung und die Einholung des Besteuerungsnachweises hat, soferne es zur Ausübung des Gewerbes in Bayern nach den Vorschriften der Gewerbeordnung des Legitimationsscheines[2]) einer bayerischen Behörde bedarf, dem Antrage auf Ertheilung des letzteren voranzugehen.

II Es soll alsdann regelmäßig der Nachweis der Besteuerung dem Legitimationsscheine beigefügt werden.[3])

III Die gleiche Bestimmung tritt für Personen in Geltung, welche auf Grund eines von ein einer außerbayerischen deutschen Behörde ausgestellten Legitimationsscheines in Bayern einen Gewerbebetrieb im Umherziehen beabsichtigen und hiezu gemäß der

Vollzugsvorschriften zur Gewerbeordnung eine Vormerkung auf ihrem Legitimationsscheine bei derjenigen bayerischen Distriktsverwaltungsbehörde einzuholen haben, in deren Bezirk das Königreich betreten, oder der Gewerbebetrieb begonnen wird.

IV In den übrigen durch die Bestimmungen dieses Artikels nicht berührten Fällen des Betriebs von Gewerben im Umherziehen ist die Anmeldung beim Rentamte des Wohnortes des Gewerbetreibenden, soferne derselbe seinen Wohnort in Bayern hat, oder beim Rentamte des Betriebsortes (Art. 6 Abs. 2) zu bewirken.

1) Siehe § 11 und 17 der Vollzugsvorschriften vom 16. März 1879.

2) Wo das Gesetz nebst Vollzugsvorschriften vom „Legitimationsschein" spricht, ist hierunter der „Wandergewerbeschein" nach der Gewerbeordnung in der Fassung vom 1. Juli 1883 zu verstehen.

3) Siehe Anmerkg. zu § 17 der Vollzugsvorschriften.

Um das Vorkommen von Rückerstattungen der beim Rentamte veranlagten Steuer vom Gewerbebetrieb im Umherziehen wegen distriktspolizeilicher Versagung des Wandergewerbescheines thunlichst zu vermindern, besteht kein Bedenken, wenn die Rentämter in Fällen, in welchen nach den obwaltenden Umständen Zweifel hinsichtlich der Genehmigung der Ausstellung oder Ausdehnung eines Wandergewerbescheines sich ergeben, vor Ausfertigung des in den Wandergewerbeschein einzutragenden Besteuerungsnachweises sich mit der einschlägigen Distriktspolizeibehörde benehmen und deren Mittheilung darüber abwarten, ob im gegebenen Falle der Wandergewerbeschein ertheilt oder versagt werde (Ziff. 12 der M.-E. vom 8. Febr. 1885).

In den Fällen, in welchen zwar die Wandergewerbescheinpflicht besteht aber eine Steuer vom Gewerbebetrieb im Umherziehen nicht entrichtet wird, ist seitens des Rentamts der dem Wandergewerbeschein beigedruckten Bescheinigung über die Entrichtung der Landessteuern ein Vormerk etwa folgenden Inhaltes beizufügen: „Steuerfrei nach dem Gesetze vom 10. März 1879" und eventuell ist beizusetzen: „zur Gewerbesteuer nach dem Gesetze vom 19. Mai 1881 veranlagt nach Tar. N . . . mit

Normalanlage . . . . . Mk. . . Pfg. . . . .
Betriebsanlage . . . . . Mk. . . Pfg. . . . .

insgesammt ꝛc. ꝛc."

(M.-E. vom 8. Februar 1885).

Art. 9.[1])

Auf Grund der Anmeldung und nach Einziehung sonstiger Nachrichten, welche das Rentamt für die Bemessung der Steuer allenfalls noch für erforderlich erachtet, wird, soferne nicht der Besteuerungsnachweis dem Legitimationsscheine beizufügen ist (Art. 8 Abs. 2), vom Rentamte dem Gewerbetreibenden eine Nachweisung zugefertigt, welche zu enthalten hat:

a) die Bezeichnung der Person des Gewerbetreibenden, die angemeldete Betriebsdauer des Gewerbes, die Art und den Gegenstand des Gewerbebetriebs und die Angabe aller sonstigen, nach den Vorschriften des gegenwärtigen Gesetzes und des demselben beigefügten Steuertarifs für den Ansatz der Normalanlage und das Ausmaß der Betriebsanlage maßgebenden Verhältnisse;

b) die Festsetzung der Steuer nach Anleitung des Steuertarifs mit Bezeichnung allenfallsiger eine Steuerermäßigung veranlassenden Umstände;

c) die amtliche Quittung über die Entrichtung der Steuer

[1]) Siehe § 17 der Vollzugsvorschriften vom 16. März 1879.

Art. 10.

Sämmtlichen zur Ertheilung von Legitimationsscheinen, zur Entgegennahme von Anmeldungen oder zur Festsetzung der Steuer zuständigen Behörden ist bei Meidung eigener Haftung für einen etwaigen Steuerentgang untersagt, an den Pflichtigen die Aushändigung eines Legitimationsscheines oder die Ertheilung einer Vormerkung auf demselben zum Zwecke der Ausdehnung des Gewerbebetriebs, ferner die Aushändigung eines Auszugs aus dem Anmelderegister oder eines Besteuerungsnachweises früher zu bewirken, als die Steuerentrichtung erfolgt ist.

Art. 11.

I Legitimationsscheine und Besteuerungsnachweisungen gelten nur für jene Personen und auf jene Zeitdauer, für welche dieselben ausgefertigt sind.

II Die Inhaber solcher Bescheinigungen sind verpflichtet, dieselben während der thatsächlichen Ausübung des Gewerbes bei sich zu führen und auf Erfordern den zuständigen Behörden, Beamten und deren Vollzugsorganen vorzuzeigen;[1]) es dürfen diese Bescheinigungen weder an einen Andern überlassen, noch Begleiter in größerer als der angegebenen Anzahl mitgeführt werden.[2])

III Durch das Vorzeigen beglaubigter Abschrift wird der vorstehenden Verpflichtung nicht genügt.

IV Wird glaubhaft nachgewiesen, daß ein Legitimationsschein mit Besteuerungsnachweis oder der letztere allein verloren, vernichtet oder unbrauchbar geworden ist, so kann die Ertheilung einer neuen Ausfertigung desselben gegen Ersatz der Auslagen einschließlich der etwaigen Amortisationskosten verlangt werden.

[1]) Vergl. § 18 der Vollzugsvorschriften vom 16. März 1879.
[2]) Strafbestimmung in Art. 19 Abs. I.

Art. 12.[1])

I Wird während des Zeitraums, für welchen ein Besteuerungsnachweis nach Vorschrift der Art. 7, 8 und 9 eingeholt ist, das Gewerbe auf eine größere Anzahl oder auf eine andere Gattung von Waaren und Leistungen, als solche im Legitimationsscheine oder in der rentamtlichen Nachweisung bezeichnet sind, ausgedehnt, oder tritt eine Aenderung in der Zahl der mitzuführenden Begleiter oder in jenen Verhältnissen des Gewerbebetriebs ein, welche für die Besteuerung nach Inhalt des Legitimationsscheines oder der rentamtlichen Nachweisung maßgebend waren, so ist der Inhaber verflichtet, hievon Anmeldung behufs Aenderung, beziehungsweise Ergänzung der ihm ertheilten Bescheinigungen zu machen.

II In Folge dieser neuen Anmeldung ist die veranlaßte Aenderung der Steuer zu bewirken, wobei das in dem Art. 7, 8 und 9 angeordnete Verfahren und das in Art. 10 erlassene Verbot zur sinngemäßen Anwendung zu gelangen hat.

[1]) Vergl. § 19 der Vollzugsvorschriften vom 16. März 1879.

Art. 13.

I Wegen Abstandnahme vom Beginn des Gewerbebetriebs, sowie wegen Einstellung, Unterbrechung oder Verminderung desselben findet eine Erstattung der Steuer nicht statt.

II Ist jedoch wegen unvorhergesehener von dem Willen des Steuerpflichtigen unabhängiger Erzeugnisse der Beginn des Gewerbebetriebs unterblieben und wird der Besteuerungsnachweis innerhalb vier Wochen nach Ausstellung desselben dem Rentamte zurückgegeben, so ist die entrichtete Steuer auf Verlangen zurückzuerstatten.[1])

III Wird von Hinterbliebenen verstorbener Inhaber von Legitimationsscheinen oder Besteuerungsnachweisungen der Gewerbebetrieb im Umherziehen in bisheriger Art und Ausdehnung fortgesetzt, so ist hier von einer nochmaligen Steuererhebung Umgang zu nehmen.

[1]) Siehe § 20 der Vollzugsvorschriften vom 16. März 1879.

Art. 14.

I Die Steuer vom Gewerbebetrieb im Umherziehen wird vom Rentamte ohne Zuziehung eines Steuerausschusses nach den angemeldeten oder sonst erhobenen Betriebsmerkmalen festgesetzt und sofort zur Einhebung gebracht.

II Das Rentamt hat jedoch dem Gewerbsteuerausschuß (Gewerbsteuergesetz vom 1. Juli 1856) bei dessen nächstem Zusammentritt die erfolgten Einsteuerungen zur Kenntnißnahme und Stellung etwaiger Anträge vorzulegen.[1])

III Für etwa erforderliche Schätzungen kann vom Rentamte ein Sachverständiger beigezogen werden; die hierauf erwachsenden Kosten trägt die Staatskassa.

IV Wird von Unternehmern eines Gewerbebetriebs im Umherziehen, welche in Bayern ihren Wohnsitz haben (Art. 6 Abs. 2 und Art. 8 Abs. 4), die Anmeldung zur Steueranlage in einem andern Rentamtsbezirke als jenem des Wohnortes bewirkt, so hat das Rentamt, bei welchem die Anmeldung erfolgt, die Anlage und Einziehung der Steuer für Rechnung des Rentamtes des Wohnortes vorzunehmen. Das Gleiche gilt von den gemäß Art. 11 Abs. 4 zu ertheilenden neuen Ausfertigungen, dann von den gemäß Art. 12 vorzunehmenden Aenderungen und von den gemäß Art. 13 veranlaßten Steuererstattungen.

V Dem zuständigen Rentamte des Wohnortes ist von solchen Fällen unverzüglich Mittheilung zu machen.

[1]) Vergl. § 22 der Vollzugsvorschriften vom 16. März 1879.

Art. 15.

Hinsichtlich der Besteuerung der Wanderlager[1]) gelten folgende Vorschriften:

1. Wer außerhalb seines Wohnortes oder des Wohnortes des Unternehmers und außer dem Meß- und Marktverkehr von einer festen Verkaufsstätte aus vorübergehend Waaren, gleichviel ob zum Verkaufe aus freier Hand oder im Wege der Versteigerung feilbietet, beziehungsweise feilbieten läßt, ist für jeden Ort des Betriebs gesondert der Steuer vom Gewerbebetrieb im Umherziehen unterworfen.[2])

2. Die Entscheidung darüber, ob ein feilgebotenes Waarenlager nach den unter Ziff. 1 gegebenen Merkmalen als Wanderlager anzusehen ist, richtet sich nach den thatsächlichen Verhältnissen des Gewerbebetriebs, und es ist für dieselbe der Umstand, daß der Betrieb nach § 14 der Gewerbeordnung als ein stehender angemeldet wurde, ebensowenig wie die vorübergehende Verlegung des Wohnsitzes in den Betriebsort maßgebend.

3. Die Steuer für den Wanderlagerbetrieb besteht in einer Normal- und einer Betriebsanlage, deren Größe sich nach

dem beigefügten Steuertarif bemißt. Innerhalb des für die Betriebsanlage im Tarife angegebenen Mindest- und Meistsatzes erfolgt die Bemessung derselben mit eins vom Hundert des angemeldeten und durch Schätzung erhobenen Geldwerthes der für den Betriebsort zum Verkaufe bestimmten Waarenvorräthe.

4. Von der Jahressteuer hat der Steuerpflichtige bei einem Geschäftsbetrieb auf die Dauer von 14 Tagen und darunter die Hälfte, auf die Dauer von mehr als 14 Tagen und bis zu 30 Tagen drei Viertheile, auf die Dauer von mehr als 30 Tagen und bis zu 1 Jahr den vollen Betrag zu entrichten und zwar vor dem Beginne des Geschäfts.

5. Jeder Unternehmer eines Wanderlagers ist gehalten, dasselbe vor Eröffnung des Betriebs bei der Gemeindebehörde des Betriebsortes anzumelden und sich für die jeweilige Betriebsdauer mit einem Nachweise über die Festsetzung der Steuer und deren Entrichtung zu versehen. (Art. 9.)

Das Gleiche gilt für Auktionatoren und Inhaber von Licitationsanstalten, wenn sie am Sitze ihrer gewerblichen Niederlassung für auswärtige Auftraggeber Waaren versteigern oder überhaupt feilbieten. Sie sind verpflichtet, auf Verlangen den Eigenthümer der durch sie feilgebotenen oder zur Versteigerung gelangenden Waaren nachzuweisen.

6. Die Festsetzung der Steuer nach vorgängiger Erhebung des Geldwerthes der Waarenvorräthe (Art. 14 Abs. 3) und die Einhebung der Steuer steht ohne Rücksicht auf den Wohnort des Unternehmers demjenigen Rentamte zu, in dessen Bezirk sich der Betriebsort des Wanderlagers befindet.

7. Will ein Wanderlager-Inhaber den Betrieb über den Zeitraum, für welchen er die Steuer bezahlt hat (Ziff. 4) ohne Unterbrechung ausdehnen, so ist dies dem Rentamte anzuzeigen, und ist unter Ausfertigung eines abgeänderten Besteuerungsnachweises die Steuerschuldigkeit für die ganze Dauer des Betriebs neu festzustellen und sofort der sich hienach ergebende Mehrbetrag der Steuer zu erheben.

8) Wenn während des Zeitraums, für welchen die Steuer

entrichtet worden ist, die Waarenvorräthe einen Zuwachs erhalten, so ist dies dem Rentamte anzuzeigen, worauf unter Ausfertigung eines abgeänderten Besteuerungsnachweises die Steuer neu festgestellt und mit dem sich ergebenden Mehrbetrage erhoben wird.

9) Der Rentbeamte ist ermächtigt, jederzeit von dem Wanderlager und den darin feilgebotenen Waarenvorräthen behufs der Steuercontrole Einsicht zu nehmen oder zu dem gleichen Zwecke einen Stellvertreter oder Sachverständigen abzuordnen.

10) Steuererstattungen an Wanderlager-Inhaber finden nur dann statt, wenn wegen unvorhergesehener von dem Willen des Steuerpflichtigen unabhängiger Ereignisse der Beginn des Gewerbebetriebs unterblieb und der Besteuerungsnachweis innerhalb einer Woche nach dessen Ausstellung dem Rentamte zurückgegeben wird.

11) Im Uebrigen finden die in Art. 10, 11, 13 Abs. 3 und 14 Abs. 2 des gegenwärtigen Gesetzes gegebenen Vorschriften auch hinsichtlich des Betriebs von Wanderlagern sinngemäße Anwendung.

Die Kosten einer vom Rentamte angeordneten Schätzung (Ziff. 6 und 8 oben, dann Art. 14 Abs. 3) fallen dem Inhaber des Wanderlagers zur Last, wenn der geschätzte Werth den vom Unternehmer beim Rentamte angegebenen übersteigt.

[1]) Bade- und Saisongeschäfte sind nicht als Wanderlager im Sinne dieses Gesetzes zu betrachten. Stenogr. Bericht d. K. d. Abg. 1879 Bd. III S. 312

[2]) Wer außerhalb seines Wohnortes und außer dem Meß- und Marktverkehr von einer festen Verkaufsstätte aus vorübergehend Waaren feilbietet und daher an dem treffenden Orte ein zu dauerndem Gebrauche eingerichtetes, beständig oder doch in regelmäßiger Wiederkehr von ihm benutztes Lokal im Sinne des § 42 Abs. II der Gewerbeordnung nicht besitzt, ist für den Wanderlagerbetrieb einzusteuern (§ 13 der Minist.-Entschl. v. 2. Febr. 1885).

An der Verkaufsstätte des Wanderlagerhalters muß gemäß § 56c der Gewerbeordnung in einer für Jedermann erkennbaren Weise ein den Namen und Wohnort des Gewerbetreibenden angebender Aushang angebracht werden.

Die nach Art. 12 des Ausführungsgesetzes zur Strafprozeß-Ordnung erforderliche preßpolizeiliche Erlaubniß zum Anschlagen oder unentgeldlichen Vertheilen von Plakaten auf Straßen oder öffentlichen Plätzen ist den Inhabern von Wanderlagern zu versagen, wenn das Plakat nicht den in dem Wandergewerbescheine des Wanderlagerinhabers aufgeführten Namen und Wohnort, oder wenn es außer diesen Namen und Wohnort noch eine andere fingirte Firma enthält (Minist.-Entschl. vom 2. Juli 1879, Amtsbl. d. St.-M. d. Innern S. 282.)

Das Feilbieten von Waaren im Umherziehen in der Art, daß dieselben von einer festen Verkaufsstätte aus versteigert werden (Wander-Auktionen), ist nach § 56c der Gewerbeordnung nur ausnahmsweise gestattet.

Art. 16.

Wer, ohne mit dem Nachweise über die Festsetzung der Steuer und deren Entrichtung nach Maßgabe der Vorschriften des gegenwärtigen Gesetzes versehen zu sein, ein der Steuer vom Gewerbebetrieb im Umherziehen unterworfenes Gewerbe betreibt, verfällt in eine dem zwei- bis fünffachen, bei Wanderlagern und Wanderauktionen dem fünf- bis zehnfachen Betrage der Jahressteuer für das betriebene Gewerbe gleichkommende Geldstrafe.[1])

[1]) Siehe Ministerialbekanntmachung vom 25. Oktober 1879, die Behandlung der Straffälle bei Zuwiderhandlungen gegen das Gesetz über die Besteuerung des Gewerbebetriebes im Umherziehen — abgedruckt in Abth. IV Ziff. 2.

Art. 17.

I Wer bei der Anmeldung der Gewerbes (Art. 7, 8, 9 und 15 Ziff. 5) die zur Feststellung der Steuer erforderlichen Merkmale verschweigt oder unrichtig angibt, desgleichen wer nach Einholung des Besteuerungsnachweises, ohne den in Art. 12 und Art. 15 Ziff. 7 und 8 hiewegen ausgesprochenen Verpflichtungen zu genügen,

a) innerhalb der angemeldeten Betriebsdauer ein anderes der Steuer vom Gewerbebetrieb im Umherziehen unterliegendes Gewerbe betreibt als das im Legitimationsscheine oder in dem Besteuerungsnachweise bezeichnete,

b) innerhalb der angemeldeten Betriebsdauer den Gewerbebetrieb auf eine größere Anzahl oder auf andere als die in den erwähnten Bescheinigungen verzeichneten Gegenstände oder Leistungen ausdehnt, wer endlich

c) den Betrieb eines Wanderlagers über den angemeldeten Zeitraum erstreckt oder auf Waarenvorräthe von größerer Menge und von größerem Werthe als angemeldet, ausdehnt,

verfällt in eine Geldstrafe, welche dem Zwei- bis Fünffachen, bei Wanderlagern und Wanderauktionen dem Fünf- bis Zehnfachen desjenigen Betrages gleichkommt, um welchen die entrichtete Steuer hinter der nach den Vorschriften des Gesetzes geschuldeten zurücksteht.

II Wird jedoch festgestellt, daß der thatsächlich ausgeübte Gewerbebetrieb bei rechtzeitiger Beobachtung der Vorschriften in Art. 12 und Art 15 Ziff. 7 und 8 ohne Erhöhung des schon entrichteten Steuersatzes hätte stattfinden dürfen, so tritt Geldstrafe bis zu 30 ℳ ein.[1])

[1]) Siehe Ministerialbekanntmachung vom 25. Oktober 1879, die Behandlung der Straffälle bei Zuwiderhandlungen gegen das Gesetz über die Besteuerung des Gewerbebetriebes im Umherziehen — abgedruckt in Abth. IV Ziff. 2 —.

Art. 18.

Neben den in Art. 16 und Art. 17 ausgesprochenen Geldstrafen ist die vorenthaltene Steuer zu entrichten.

Art. 19.

I Jede Zuwiderhandlung gegen die Vorschriften des Art. 11 Abs. 2 wird mit Geldstrafe bis zu 30 ℳ geahndet, soferne nicht wegen Verbindung des Besteuerungsnachweises mit dem Ligitimationsscheine (Art. 8 Abs. 2) auf dieselbe Handlung oder Unterlassung schon die Strafbestimmungen in § 149 der Gewerbeordnung[1]) Anwendung finden.

II Zuwiderhandlungen gegen die zur Ausführung dieses Gesetzes erlassenen Vollzugsanordnungen unterliegen einer Geldstrafe bis zu 30 ℳ.[2])

[1]) In diesen Fällen ist die Anzeige an den Amtsanwalt zu richten.

[2]) Siehe Ministerialbekanntmachung vom 25. Oktober 1879, die Behandlung der Straffälle bei Zuwiderhandlungen gegen das Gesetz über die Besteuerung des Gewerbebetriebes im Umherziehen — abgedruckt in Abth. IV Ziff. 2 —.

Art. 20.

Sind die in Art. 16, 17 und 19 Abs. 2 erwähnten strafbaren Handlungen im Auftrage einer andern Person ausgeübt worden, so ist gegen den Auftraggeber auf die gleiche Strafe, wie gegen den Beauftragten zu erkennen, und Beide haften solidarisch für die Strafbeträge, die Kosten und die vorenthaltene Steuer.

Art. 21.

I Die nach Art. 16 und Art. 17 Abs. 1 verhängten Geldstrafen verfallen, soferne sie in vollem Betrage erhoben werden, bei Wanderlagern und Wanderauktionen dem Armenfond des Betriebsortes, bei sonstigem Gewerbebetrieb im Umherziehen, wenn der Gewerbetreibende seinen Wohnsitz in Bayern hat, dem Armenfond des Wohnortes.

II Sonstige auf Grund dieses Gesetzes verhängte Geldstrafen fließen in die Staatskassa.

Art. 22.

Hinsichtlich des administrativen und gerichtlichen Strafverfahrens wegen der Zuwiderhandlungen gegen dieses Gesetz und die dazu erlassenen Vollzugsanordnungen kommen die Vorschriften, nach welchen sich das Verfahren wegen Zuwiderhandlungen gegen die Zollgesetze richtet, jedoch mit der Maßgabe zur Anwendung, daß

a) an Stelle der Zollbehörden die Rentämter und an Stelle der Zollverwaltungsstellen die Kreisregierungen, Kammern der Finanzen, zu treten haben, und daß

b) gegen den rentamtlichen Strafbescheid ein Reklamationsrecht an die Regierung, Kammer der Finanzen, gemäß der nachfolgenden Gesetzesbestimmungen dem Steuerpflichtigen zusteht, soferne derselbe nicht binnen einer Woche nach Bekanntmachung des Strafbescheides auf gerichtliche Entscheidung anträgt.[1])

[1]) Siehe Ministerialbekanntmachung vom 25. Oktober 1879, die Behandlung der Straffälle bei Zuwiderhandlungen gegen das Gesetz über die Besteuerung des Gewerbebetriebes im Umherziehen -- abgedruckt in Abth. IV Ziff. 2.

Art. 23.

In den Fällen des Art. 16 und Art. 17 können die zum Gewerbebetrieb im Umherziehen mitgeführten Gegenstände, soweit es zur Sicherstellung der Abgaben,[1]) Strafen und Kosten oder zum Beweise der strafbaren Handlung erforderlich ist, in Beschlag genommen werden.

[1]) „Abgaben" sind Staatssteuern, Kreis-, Distrikts- und Gemeinde-Umlagen, Stenogr. Bericht d. K. d. Abg. 1879 Seite 389 und 301.

§ 24.

I Reklamationen zur Regierung, Kammer der Finanzen, können ergriffen werden:

a) wegen Festsetzung der Steuer,

b) gegen jeden Beschluß der Steuerbehörde, welcher dem Antrage auf Steuererstattung (Art. 13 Abs. 2 und Art. 15 Ziff. 10) nicht stattgibt, endlich

c) gegen Strafbescheide jeder Art (Art. 22 lit. b).

II Die Reklamationen sind binnen einer Woche ausschließender Frist und zwar in den Fällen unter lit. a vom Tage der Einhebung der Steuer an, in den Fällen unter lit. b und c vom Tage der Bekanntmachung der treffenden Beschlüsse oder Bescheide an gerechnet, bei dem Rentamte, welches die Steuer festgesetzt oder den beschwerlichen Beschluß erlassen hat, schriftlich einzureichen oder zu Protokoll zu geben.

III Die Zuständigkeit der Reklamationsstelle richtet sich nach jenem Rentamte, von welchem thatsächlich — wenn auch an Stelle des Rentamts des Wohnortes — die Steueranlage vorgenommen oder der Strafbescheid erlassen, oder bei welchem der Antrag auf Steuererstattung gestellt wurde.

IV Dem Rechtsmittel kommt hinsichtlich der Entrichtung der Steuer keine aufschiebende Wirkung zu.

V Gegen den Bescheid der Regierung findet ein weiteres Rechtsmittel nicht statt.

VI Wird eine Reklamation wegen Festsetzung der Steuer zur Regierung, Kammer der Finanzen, ergriffen, außerdem aber wegen der vom Rentamte neben Anlage der Steuer verhängten Strafe auf gerichtliche Entscheidung angetragen, so bleibt die letztere bis zur rechtskräftigen Feststellung der Steuer ausgesetzt.

Art. 25.

Die sämmtlichen Gemeindebehörden sind verpflichtet, hinsichtlich der Besteuerung des Gewerbebetriebs im Umherziehen, dann der Bestrafung von Zuwiderhandlungen und zur Sicherstellung der Abgaben, Strafen und Kosten die erforderliche Beihilfe nach Maßgabe des gegenwärtigen Gesetzes und der hiezu ergehenden Vollzugsanordnungen zu leisten.

Art. 26.

I Das gegenwärtige Gesetz tritt am 1. April 1879 in Wirksamkeit.

II Es können jedoch schon vom Tage der Verkündung ab Anmeldungen stattfinden und Besteuerungsnachweise eingeholt werden.

III Von dem Tage der Wirksamkeit des gegenwärtigen Gesetzes an treten alle entgegenstehenden Bestimmungen des Gewerbsteuergesetzes vom 1. Juli 1856 und der hiezu erlassenen Vollzugsanordnungen mit der Maßgabe außer Wirksamkeit, daß die zufolge letzteren Gesetzes von Gewerben im Umherziehen für das Jahr 1879 bereits entrichteten Gewerbsteuern auf die nach den Bestimmungen des gegenwärtigen Gesetzes anfallenden Steuern angerechnet werden.

IV Die bestehenden Bestimmungen über die Erhebung von Taxen, Stempeln und Abgaben für gewerbliche Legitimationsscheine werden durch gegenwärtiges Gesetz nicht berührt.

V Mit Ausführung desselben sind die Staatsministerien des Innern und der Finanzen beauftragt.

Steuer-

für die im Umherziehen

Lauf. Nr.	Bezeichnung der Gewerbe.
1	Sammeln geringwerthiger Erzeugnisse und Abgänge der Haus- und Landwirthschaft,[2]) wie z. B.: Sammeln von Lumpen, Asche, Federn, Borsten, Werg, Glasscherben, altem Eisen, Blei, Zinn, Kupfer oder Messing, ferner von Haaren,[3]) Knochen, Klauen u. dgl.
2	Gewerbliche Arbeiten von untergeordneter Beschaffenheit, wie z. B.: Topfbinden, Kesselflicken, Scheerenschleifen, Kitten, Löthen, Geschirrverzinnen, Krautschneiden, sog. Kammerjägerei, Petschaft- und Siegelstechen, Schärfen von Sägen und Werkzeugen, Ausbessern von Holzuhren, Spinnrädern und dergleichen Hausgeräthen 2c. 2c.
3	Hausirhandel und zwar: a. mit Lebensmitteln, Haushaltungs- und Wirthschaftsbedürfnissen und anderen Waaren von geringerem Werthe, wie z. B.:[4]) mit groben Holz-, Eisen-, Thon-, Glas-, Bürstenbinder-, Korbmacher-Waaren, Schwarzwälder Holzuhren, mit Schreibmaterialien, Wetzsteinen, dann mit geringwerthigen Verzehrungsgegenständen u. dgl.; b. mit sonstigen Gegenständen von höherem Werthe und des Luxusverbrauchs, wie z. B.: mit Galanterie-, besseren Glas-, Gyps- und Porzellan-

[1]) Siehe § 7 der Vollzugsvorschriften vom 16. März 1879, welcher die Anwendung des Steuertarifs erläutert.

[2]) Hierunter ist das Aufkaufen dieser Gegenstände zu verstehen. Wer nicht blos aufkauft sondern auch verkauft (Tauschhandel) ist mit den hiefür bestimmten Steuern kumulativ zu belegen. Lumpensammler, welche nur geringfügige Tauschmittel Bänder, Schnüre u. dgl. führen, dürfen nicht als Händler betrachtet werden, soferne sie sich mit dem begnügen, was in dieser Beziehung üblich ist. Stenogr. B. d. K. d. Abg., Bd. III S. 310.

[3]) Unter diesen „Haaren" sind Thierhaare, nicht Menschenhaare gemeint. Stenogr. B. d. K. d. Abg., Bd. III S. 302.

Tarif

betriebenen Gewerbe.[1])

Normal-Anlage. M	Normal-Anlage. ₰	Betriebsanlage.
3	60	Als Betriebsanlage wird für jeden Begleiter (Art. 4 Abs. 2) der Satz der Normalanlage in Berechnung gebracht.
5	40	Wie bei Nr. 1.
9	—	Wie bei Nr. 1.
18	—	Wie bei Nr. 1.

[1]) Der im Umherziehen betriebene Schweinehandel ist unter der Voraussetzung geringfügigeren Betriebsumfangs nach Tarif lit. a zu besteuern (M.-E. vom 29. Oktober 1881, F.-M.-Bl. Seit. 386).

Hieher zählen auch

a) feine Bürstenbinder- und Korbmacherwaaren, Stenogr. B. Bd. III S. 302,
b) Schuhwaaren, Stenogr. B. Bd. III S. 304,
c) Kleesamen, soferne nicht dieser Handel wegen großem Umfange und erheblichem Betriebskapital nicht unter Ziff. 5 einzusteuern ist, Stenogr. B. Bd. III S. 307.

Lauf. Nr.	Bezeichnung der Gewerbe.
	waaren, mit Kupferstichen, Photographieen, Oeldruckbildern und Landkarten, mit optischen Waaren, Parfümerien, Regen- und Sonnenschirmen, mit Schnittwaaren und Modewaaren, mit Spezereiwaaren, Tabak, Cigarren, Cigaretten und Rauchrequisiten, mit feineren Zuckerwaaren u. dgl.
	c. mit Gold-, Silber- und Bijouteriewaaren, mit Taschenuhren und mit Druckschriften.[1])
4	Gewerbebetrieb der Gaureiter (Darbietung von Hengsten zum Beschälgeschäfte, soferne der Betrieb im Umherziehen stattfindet).[2])
5	Gewerbebetrieb im Umherziehen mit erheblichem Betriebskapital und Umsatz.[3]) Unter diese Tarifnummer fallen auch Schiffer, welche auf eigene Rechnung mit angekauften Waaren vom Schiffe aus Handel treiben.
6	Ausländische Musterreisende (Art. 3 Ziff. 2).[4])
7	Darbietung von künstlerischen Leistungen oder Schaustellungen, bei welchen ein höheres wissenschaftliches oder Kunstinteresse nicht obwaltet, untergeordneter Art und zwar:[5])
	a. Drehorgelspieler, wandernde Musikanten, Bilderzeiger, Bärentreiber, Schaukastenträger u. dgl.;
	b. wandernde Musikgesellschaften, Carousselspiel-, Schießbudenbesitzer, Schaubudeninhaber für Kunst- und Naturmerkwürdigkeiten, Gymnastiker, Kunstreiter u. dgl., soferne sich dieselben nicht wegen größeren Betriebsumfangs zur Einreihung unter Tarif Nr. 8 eignen.

[1]) Gemäß § 66 der Gewerbeordnung sind vom Ankauf oder Feilbieten im Umherziehen ausgeschlossen: Gold- und Silberwaaren, Bruchgold und Bruchsilber, sowie Taschenuhren. Auf diese Gegenstände findet Nr. 3c des Steuertarifs keine Anwendung.

Dagegen bleibt diese Tarifnummer in Wirksamkeit für Bijouteriewaaren, soferne dieselben nicht zu den Gold- und Silberwaaren gehören, und falls dieselben nicht von stehenden Gewerbetreibenden oder deren Reisende (§ 44 Abs. II der Gew.-Ordg. u. Absch. I der Bundesrathsverordnung vom 31. Oktober 1883) verkauft werden.

Die für Druckschriften vorgeschriebene Steueranlage bleibt trotz der durch § 56 der Gewerbeordnung für das Feilbieten von Druckschriften im Umherziehen auferlegten Einschränkungen in Kraft (Ziff. 8 der M.-E. v. 8. Februar 1885).

Normal-Anlage. M	₰	Betriebsanlage.
24	—	Wie bei Nr. 1.
18	—	Als Betriebsanlage wird für die Verwendung eines Hengstes nichts, für solche jeden weiteren Hengstes der Satz der Normalanlage in Berechnung gebracht.
36	—	Die Betriebsanlage wird innerhalb eines Spielraums zwischen 1 M bis 360 M bemessen.
36	—	Ohne Betriebsanlage.
5	40	Wie bei Nr. 1.
9	—	Wie bei Nr. 1.

²) Der Gewerbebetrieb der Gaureiter im Umherziehen kann nur ausnahmsweise nach Maßgabe der Allerh. Verordnung vom 2. Novbr. 1884, das Umherziehen mit Hengsten zur Deckung der Stuten betr., (Gesetz- und Verordnungsblatt S. 489) vorkommen.

³) Siehe § 7b der Vollzugsvorschriften vom 16. März 1879.

⁴) Siehe § 6 der Vollzugsvorschriften vom 16. März 1879.

⁵) Unter den unter Ziff. 7 und 8 aufgeführten Musikern sind auch die Sänger mitinbegriffen. Die Musiker wurden auch in Ziff. 8 lit. c aufgenommen, um damit die Musiker und Sängergesellschaften besserer Gattung von jener untergeordneten Art zu trennen. Stenogr. B. Bd. III S. 308.

Lauf. Nr.	Bezeichnung der Gewerbe
8	Darbietung von künstlerischen Leistungen oder Schaustellungen, bei welchen ein höheres wissenschaftliches oder Kunstinteresse nicht obwaltet, bessere Gattung und zwar:
	a. Taschenspieler, Escamoteure . . . .
	b. Schaubudeninhaber für Kunst- und Naturmerkwürdigkeiten, für Panoramas, für Wachsfiguren-, Marionetten-, mechanische Kunst-Theater und dergl.:
	c. Musikgesellschaften[1]) . . . .
	d. Theater- und Schauspielgesellschaften[2]) . . . . . .
	e. Singspielunternehmungen, ebenso gemischte Gesellschaften für musikalische, gymnastische Produktionen und sonstige Schaustellungen.
	f. Kunstreiter-, Seiltänzer- und Gymnastiker-Gesellschaften, ebenso andere hier nicht besonders aufgeführte Personen, und Gesellschaften, welche durch öffentliche Produktion körperlicher Kunstfertigkeiten besserer Gattung sich Erwerb verschaffen.
	g. Menagerie-Inhaber[3]) : . . . .
9	Wanderlager und Wanderauktionen jeder Art . . . . .

[1]) Unter den unter Ziff. 7 und 8 aufgeführten Musikern sind auch die Sänger m inbegriffen. Die Musiker wurden auch in Ziff. 8 lit. c aufgenommen, um damit die Musi und Sängergesellschaften besserer Gattung von jener untergeordneten Art zu trennen. Steno B. Bd. III S. 308.

[2]) Unter Hauptpersonal ist dasjenige zu verstehen, welches im Theater mitspie Nebenpersonal ist dasjenige, welches Billete ausgibt, Thüren öffnet, Zettel austrägt u. s. Stenogr. B. Bd. III S. 309.

Normal-Anlage. M	₰	Betriebsanlage.
18	—	Die Betriebsanlage wird innerhalb eines Spielraums von 1 M bis 180 M bemessen.
18	—	Wie vor.
18	—	Mit Ausnahme des Gesellschaftsvorstandes sind bis zum Meistbetrage von 90 M für jedes bei der Aufführung thätige Gesellschaftsmitglied 9 M als Betriebsanlage in Berechnung zu bringen.
36	—	Mit Ausnahme des Gesellschaftsvorstandes sind für jedes Mitglied des vorhandenen Hauptpersonals 24 M und für jedes Mitglied des Nebenpersonals 12 M als Betriebsanlage in Ansatz zu bringen.
36	—	Mit Ausnahme des Gesellschaftsvorstandes sind für jedes bei den Aufführungen thätige Gesellschaftsmitglied 24 M als Betriebsanlage in Berechnung zu bringen.
36	—	Wie bei Nr. 8 lit. d.
36	—	Die Betriebsanlage wird innerhalb eines Spielraums von 1 M bis 360 M bemessen.
36	—	Die Betriebsanlage wird gemäß Art. 15 Ziff. 3 des Gesetzes innerhalb eines Spielraums von 1 M bis 1080 M bemessen.

Wenn Schauspieldirektoren und Gesellschaften sich bei der Gemeindebehörde um eine Saisonkarte bewerben, um eine Zeit lang Schauspiele abhalten zu dürfen, diese Genehmigung erhalten und dann erst ihr Personal an demjenigen Orte engagiren, an dem sie beabsichtigen, im Laufe des Winters Theater zu halten, liegt ein stehender Gewerbebetrieb vor, auf den das gegenw. Gesetz keine Anwendung findet. Stenogr. Bericht d. K. d. Abg. 1879 Bd. III S. 475

³) Die Betriebsanlage ist gemäß Art. 4 Abs. III nach dem Werthe der Thiere zu bemessen.

IV. Abtheilung.

Vollzugsbestimmungen

zum

bayr. Gesetze vom 10. März 1879 über die Besteuerung des Gewerbebetriebs im Umherziehen.

1.

Bekanntmachung, den Vollzug des Gesetzes vom 10. März 1879 über die Besteuerung des Gewerbebetriebs im Umherziehen betreffend.

(Gesetz- und Verordnungsblatt 1879, S. 171—202.)

K. Staatsministerium des Innern, Abtheilung für Landwirthschaft, Gewerbe und Handel, und K. Staatsministerium der Finanzen.

Zum Vollzuge des Gesetzes vom 10. März 1879, die Besteuerung des Gewerbebetriebes im Umherziehen betreffend, (Gesetz- und Verordnungsblatt S. 143 ff.) werden nachstehende Vorschriften erlassen:

§ 1.

Bei Anwendung der Art. 1 mit 3 des Gesetzes ist im Allgemeinen darauf zu achten, daß diejenigen Gewerbe, zu deren Ausübung im Umherziehen nach § 55 der Gewerbeordnung vom 21. Juni 1869 (Bayer. Gesetzblatt 1871/72 Beilage S. 68)[1]) ein Legitimationsschein erforderlich ist, auch der Steuer vom Gewerbebetrieb im Umherziehen, soweit das gegenwärtige Gesetz nicht besondere Ausnahmen zuläßt, unterliegen, gleichviel ob diese Gewerbe seither nach den Bestimmungen des Gewerbsteuergesetzes vom 1. Juli 1856 und des dazu gehörigen Steuertarifs mit Gewerbsteuer belegt waren oder nicht.

---

[1]) Abgeändert durch Reichs-Gesetz vom 1. Juli 1883. Die Aenderung ist beim Abdrucke der Gewerbeordnung in Abth. I berücksichtigt.

§ 2.

Was den Verkauf von Erzeugnissen der Land- und Forstwirthschaft, des Garten- und Obstbaues, der Jagd und des Fischfanges[1]) anlangt, so ist Folgendes zu beachten:

I. Wer Erzeugnisse der Land- und Forstwirthschaft, des Garten- und Obstbaues im Umherziehen feilbieten will, bedarf hiezu, wenn diese Erzeugnisse nicht zu den rohen zu rechnen sind (wie z. B. Hühner, Eier,[2]) Butter, Schmalz, Käse, größeres Vieh) nach der Gewerbeordnung eines Legitimationsscheines, ist aber gemäß Art. 1 des Gesetzes der Steuer vom Gewerbebetrieb im Umherziehen dann nicht unterworfen, wenn er selbstgewonnene Erzeugnisse dieser Art feilbietet.

Umgekehrt unterliegt Jeder, welcher außer dem Marktverkehr Erzeugnisse der Land- und Forstwirthschaft, des Garten- und Obstbaues, der Jagd und des Fischfanges[1]) im Umherziehen feilbietet, ausnahmslos der Steuer nach dem gegenwärtigen Gesetze, soferne die fraglichen Erzeugnisse nicht selbstgewonnene (von dem Produzenten selbst oder in eigener Wirthschaft erzielte), sondern von Anderen bezogene sind, während ein Legitimationsschein, wenn die Erzeugnisse der Land- und Forstwirthschaft, des Garten- oder Obstbaues[1]) zu den „rohen" zu rechnen sind, nicht erforderlich ist. (Vergl. hiezu § 6 Ziff. 2 u. § 11, II litt. b.)

Für die Besteuerung erscheint es hienach von maßgebender Bedeutung, ob selbstgewonnene oder von Andern bezogene derartige Erzeugnisse im Umherziehen feilgeboten werden, und nur der letztere Umstand begründet die Steuerpflicht (vergl. auch Art. 22 Abs. 2 des Gewerbsteuergesetzes vom 1. Juli 1856).

II. Zu den Erzeugnissen der Land- und Forstwirthschaft sind solche Gegenstände nicht zu rechnen, welche eine, die herkömmlichen Grenzen der land- und forstwirthschaftlichen Thätigkeit überschreitende fabrik- oder handwerksmäßige Be- oder Verarbeitung erfahren haben, z. B. Mehl, Holzwaaren, aus selbstgewonnenen Tabakblättern bereitete Cigarren u. dgl.

III. Ob ein Land- oder Forstwirth, ein Gärtner 2c. seine selbstgewonnenen Erzeugnisse in eigener Person feilbietet oder für seine Rechnung durch einen von ihm Beauftragten, einen Angehörigen

[1]) Hiezu kommen noch Erzeugnisse der Geflügel- und Bienenzucht; siehe Anmerkg. zu Art. 1 des Gesetzes.

[2]) „Hühner und Eier" sind rohe Produkte der Geflügelzucht.

oder Diener feilbieten läßt, macht in steuerlicher Hinsicht keinen Unterschied.

Dagegen würde, wenn der angeblich Beauftragte für eigene Rechnung Geschäfte machen sollte, die Steuerpflicht unbedingt eintreten.

§. 3.

Der Gewerbebetrieb, welcher am Wohnorte beziehungsweise am Orte der gewerblichen Niederlassung stattfindet, kann nicht die Heranziehung zur Steuer nach Maßgabe dieses Gesetzes begründen, auch wenn der Betrieb von Haus zu Haus erfolgt.

Ebensowenig ist dieser Steuer der Gewerbebetrieb unterworfen, wenn er außerhalb der gewerblichen Niederlassung aber lediglich auf vorgängige Bestellung stattfindet, weßhalb z. B. Musiker, welche ihr Gewerbe auch über den Umkreis von 15 Kilometer, aber ausschließlich auf vorgängige Bestellung ausüben, der Steuer vom Gewerbebetrieb im Umherziehen nicht unterliegen.

§ 4.

Ergibt sich ein Zweifel, ob gewisse Arten von künstlerischen Leistungen oder Schaustellungen, je nachdem bei denselben ein höheres wissenschaftliches oder Kunst-Interesse stattfindet (Art. 1 Ziff. 4 des Gesetzes), der Steuer vom Gewerbebetrieb im Umherziehen unterliegen oder nicht, so ist entscheidend, ob dergleichen Leistungen oder Schaustellungen nach dem Befinden der Behörden oder Stellen der inneren Verwaltung legitimationsscheinpflichtig sind oder nicht.

Jedoch hat in solchen Fällen das Rentamt unter Vorbehalt der Rückerstattung die Einsteuerung dann vorzunehmen, wenn es sich nicht um Personen oder um Gesellschaften handelt, deren Leistungen 2c. durch besonderen Ruf beziehungsweise das vorgängige Urtheil der öffentlichen Meinung als solche bekannt sind, welche ein höheres Interesse der Kunst oder Wissenschaft beanspruchen können.

§ 5.

Unter dem in Art. 2 Ziff. 2 gedachten Marktverkehr ist nicht nur der Verkehr auf Jahrmärkten, sondern auch auf Wochenmärkten und den für besondere Gegenstände stattfindenden Märkten, z. B. Pferde-, Vieh-, Woll-, Holz- 2c. Märkten zu begreifen.

Die Steuerbefreiung des Marktverkehrs bleibt jedoch auf jene Gegenstände beschränkt, welche diesem Verkehre angehören. Die Beantwortung der Frage, welche Gegenstände dem Marktverkehre angehören, bemißt sich bei Jahrmärkten oder besonderen Märkten nach der jeweils bestehenden Marktordnung, bei Wochenmärkten dagegen nach den Vorschriften in § 66 der Gewerbeordnung, beziehungweise nach Ortsgewohnheit und der Verfügung der zuständigen Verwaltungsbehörde.
(Sten. Ber. über die 77. Sitzung der K d. Abg. vom 15. Februar 1879 Bd. III S. 296.)

In Ansehung des in Art. 2 Ziff. 2 erwähnten Meßverkehrs (vide auch Art. 3 Ziff. 3 und Art. 15 Ziff. 1) macht es keinen Unterschied, ob dieser Verkehr in s. g. Meßbuden oder in sonst gemietheten und für den An- und Verkauf gelegentlich der Meßzeit dienlichen Lokalen stattfindet.

Der An- und Verkauf von Waaren in öffentlichen Ausstellungen oder das Suchen von Waarenbestellungen auf solchen unterliegt der Steuer nach den Vorschriften des gegenwärtigen Gesetzes nicht. (Vergl. die Motive zu Art. 2 und 3 des Gesetzentwurfs, Verhandl. der K. d. Abg. 1879 Beil. Bd. IV. S. 296.)

§ 6.

Hinsichtlich des Gewerbebetriebs im Umherziehen von Angehörigen außerdeutscher Staaten ist in Folge der zur Zeit bestehenden Verträge oder Vereinbarungen (Art. 3 Abs. 1 des Gesetzes) Nachstehendes zu beachten:

1. Die Angehörigen des Großherzogthums Luxemburg stehen nach den Zollvereinsverträgen den Angehörigen deutscher Staaten völlig gleich, und es ist deshalb ihnen gegenüber die Anwendung der Ausnahmsbestimmungen in Art. 3 Ziff. 1 und 2 ausgeschlossen.
2. Die Angehörigen aller sonstigen außerdeutschen Staaten werden von der Vorschrift in Art. 3 Ziff. 1 des Gesetzes betroffen, und es bedürfen dieselben zu dem einschlägigen Handelsbetrieb, ausgenommen wenn derselbe im gewöhnlichen Grenzverkehr stattfinden soll, auch eines Legitimationsscheines. (Bekanntmachung des Reichskanzlers vom 7. März 1877, den Gewerbebetrieb der Ausländer im Umherziehen betreffend, und Entschließung des k. Staatsministeriums des Innern vom

7. Dezember 1877 im Amtsblatt des k. Staatsministeriums des Innern S. 387 und 389 und im Fin.-Min.-Bl. 1878 S. 69).[1])

3. Den nachbenannten Staaten angehörige Kaufleute, Fabrikanten und andere Gewerbetreibende, welche nach den Bestimmungen in Art. 2 Ziff. 1 des Gesetzes entweder persönlich oder durch Geschäftsreisende Waaren aufkaufen oder Waarenbestellungen suchen, haben für diesen Geschäftsbetrieb in Bayern eine Steuer nicht zu entrichten.

Diese Staaten sind:

a) Frankreich gemäß Art. 26 des Handelsvertrags vom 2. August 1862 (Bayer. Reggbl. 1865 Beil. zu Nr. 31 S. 35) und Art. 18 der Zusatzconvention vom 11. Dezember 1871 zum Frankfurter Friedensvertrag vom 10. Mai 1871 (Reichsges.-Bl. 1872 S. 19);
b) Oesterreich gemäß Art. 19 des Handels- und Zollvertrags vom vom 16. Dezember 1878 (Reichsges.-Bl. S. 375);[2])
c) die Schweiz gemäß Art. 9 des Handels- und Zollvertrags vom 13. Mai 1869 (Bayer. Reggsbl. S. 1577);[3])
d) Portugal zu Folge Art. 12 des Handelsvertrags vom 2. März 1872 (Reichsges.-Bl. S. 255);
e) Großbritannien zu Folge Art. 1 des Handelsvertrags vom 30. Mai 1865 (Bayer. Reggsbl. S. 801);
f) Italien zu Folge Art. 1 des Handelsvertrags vom 31. Dezember 1865 (Bayer. Reggsbl. 1866 S. 304).[4])[5])

---

[1]) Ersetzt durch Bundesrathsverordnung vom 31. Oktober 1883, abgedruckt in Abth. II.

[2]) Nun Art. 19 des Handelsvertrages zwischen Deutschland und Oesterreich-Ungarn vom 23. Mai 1881, R.-G.-Bl. Seite 123 ff. Dieser Vertrag bleibt gemäß Abkommen der vertragsschließenden Theile vom 8. Dezember 1887, R.-G.-Bl. S. 535, bis zum Ablauf eines Jahres von dem Tage ab, an welchem der eine oder andere Theil gekündigt haben wird, in Kraft.

[3]) Nun gemäß Art. 10 des Handelsvertrages zwischen Deutschland und der Schweiz vom 23. Mai 1881, R.-G.-Bl. Seite 155 ff., welcher gemäß Art. 3 des Zusatzvertrages vom 11. November 1888, R.-G.-Bl. S. 303, vorerst bis 1. Februar 1892 und im Falle keiner der vertragsschließenden Theile zwölf Monate vor diesem Tage seine Absicht, die Wirkungen des Vertrages aufhören zu lassen, kundgegeben haben sollte, bis zum Ablauf eines Jahres von dem Tage ab in Kraft, an welchem er gekündigt wird.

[4]) Nun Art. 1 des Handels und Schiffahrtsvertrages zwischen dem Deutschen Reiche und Italien vom 4. Mai 1883, R.-G.-Bl. Seite 109 ff., welcher vorerst bis 1. Februar 1892 und dann bis auf vorherige einjährige Kündigung in Geltung bleibt.

[5]) Die Bestimmung des § 6 Ziff. 3 hinsichtlich der Steuerfreiheit ist ausgedehnt auf die Staaten

Rumänien gemäß Art. III der Handelskonvention vom 14. November 1877, R.-G.-Bl. 1881 Seite 199 ff.;

Serbien gemäß Art. IV des Handelsvertrages zwischen dem Deutschen Reich und Serbien vom 6. Januar 1883, R.-G.-Bl. Seite 41 u. ff.;

Spanien gemäß Art. 5 des Handels- und Schiffahrtsvertrages vom 12. Juli 1883, R.-G.-Bl. Seite 307 u. ff., welcher gemäß Abkommen zwischen dem Deutschen Reich und Spanien vom 28. August 1886, R.-G.-Bl. S. 295, vorerst bis 1. Februar 1892 und im Falle er nicht 12 Monate vor diesem Termine gekündigt wird, bis nach Ablauf eines Jahres von dem Tage ab, an welchem der eine oder andere Vertragstheil ihn gekündigt haben wird, in Kraft bleibt.

4) Für den in Ziffer 3 oben bezeichneten Gewerbebetrieb haben die Angehörigen:

a) des Königreiches der Niederlande gemäß Art. 24 des Handelsvertrags vom 31. Dezember 1851 (Bayer. Reggsbl. 1852 S. 634 den Betrag von 24 ℳ — und

b) von Belgien gemäß § 5 einer Uebereinkunft zwischen dem Zollverein und Belgien über die gegenseitige Zulassung von Handelsreisenden ddo. Berlin den 2. Januar 1855 den Betrag von 16 ℳ —

als Jahressteuer zu entrichten.

§ 7.

Behufs Anwendung des Steuertarifs sind folgende Bemerkungen veranlaßt:

a) während die unter Tar.-Nr. 1, 2 und Nr. 3 lit. a u. b, ebenso die unter Tar.-Nr. 7 lit. a und b erwähnten Gattungen von Gewerben oder Erwerbsarten „beispielsweise" aufgezählt sind und daher eine Einreihung anderweit vorkommender Gewerbe ähnlicher Art unter die geeigneten Tarifnummern nach Art. 4 Abs. 6 des Gesetzes zulässig erscheint, sind die unter Tar.-Nr. 3 lit. c erwähnten Handelsgeschäfte für die daselbst bezeichneten Waarengattungen unter dem Vorbehalte der Anwendung der Tar.-Nr. 5 (vd. nachfolgende Bemerkung) ausschließend bestimmt, und es findet unter Tar.-Nr. 3 litt. c eine Einreihung anderer als der genannten Handelsgeschäfte nicht statt.

b) Hinsichtlich der ausgleichenden Aufgabe der Tar.-Nr. 5 in Absicht auf eine den Betriebsverhältnissen angemessene Höhe der Steuer wird auf die Verhandlungen bei Berathung des Gesetzes (Sten. Ber. über die 77. Sitzung der Kammer der Abgeordneten vom 15. Februar 1879 Bd. III S. 308) hingewiesen.

Der Ansatz der Tar.-Nr. 5 hat demgemäß dann stattzufinden, wenn nach dem Umfange des Geschäfts, beziehungsweise nach der Größe des darin verwendeten Betriebskapitals und erzielten Umsatzes im Vergleiche zur Gewerbsteuer von stehenden Gewerben ähnlicher Art und ähnlichen Umfanges die nach der regelmäßigen Tarifnummer sich ergebende Steuer nicht den ausreichen Steuersatz bieten würde (z. B. bei Viehhändlern[1]) Pferdehändlern, Juwelenhändlern im Umherziehen, im Umherziehen mit erheblichem Betriebskapitale unternommener Auf- und Verkauf von Victualien und dergl.).

c) Die Tar.-Nr. 8 lit. c (Musikergesellschaften) ist für jene Unternehmungen bestimmt, deren Leistungen nicht als solche von untergeordneten Art bezeichnet werden können, während dieselben andrerseits nicht als von derartiger Beschaffenheit zu erachten sind, daß denselben ein Anspruch auf ein höheres Interesse der Kunst zustände (vd. § 4 oben).

Als selbstverständlich wird bemerkt, daß der Meistsatz der Betriebsanlage von 90 *M* unter Tar.-Nr. 8 lit. c auch bestimmend für Musikergesellschaften untergeordneter Art (Tar.-Nr. 7 lit. b) insoferne ist, als letztere Unternehmungen nach der aus der Vergleichung der beiden Tarifnummern zu entnehmenden Absicht des Gesetzes einer höheren Gesammtsteuer wie 108 *M* nicht unterliegen können. Sollte sich daher ausnahmsweise bei Anwendung der Tar.-Nr. 7 b in Folge der Anzahl der Gesellschaftsmitglieder eine höhere Gesammtsteuer ergeben, so ist die Steuer nach Tar.-Nr. 8 lit. c zu veranlangen.

§ 8.

Die in Art. 5 Abs. 1 des Gesetzes vorgesehenen Steuerermäßigungen werden — unter Vorbehalt der Reklamationsbefugnisse des Betheiligten (Art. 22 lit. a) — vom Rentamte sofort bei der Steueranlage gewährt.

Unter dem Gewerbebetrieb im Umherziehen „geringerer Gattung“ sind zunächst die Nummern 1, 2, 3 litt. a und 7 litt. a und b des dem Gesetze beigefügten Tarifs, sowie allenfallsige unter diese Tarifnummern analog einzureihenden Arten des herumziehenden Gewerbebetriebs verstanden.

Die Verhältnisse, unter welchen nach Art. 5 Abs. 1 Steuerermäßigungen bewilligt werden können, sind vom Rentamte nicht

[1]) Maßgebend für die Einreihung des im Umherziehen betriebenen Viehhandels unter Nro. 3 oder Nro. 5 des Tarifs sind die nämlichen Gesichtspunkte, welche bei stehendem Gewerbebetriebe eine Steueranlage entweder nach Nro. 43 oder Nro. 46 des Tarifs zum Gewerbesteuergesetze vom 19. Mai 1881 bewirken würden.

Trifft für einen Viehhändler die Besteuerung nach Tarif Nro. 5 mit der Steueranlage für den stehenden Gewerbebetrieb zusammen, dann entspricht es den gesetzlichen Bestimmungen, daß nur jener Theil des Betriebskapitals, welcher auf die im Umherziehen ausgeübte Geschäftsthätigkeit entfällt, für die Bemessung der Betriebsanlage nach Art. 4 Abs. III des Gesetzes vom 10. März 1879 den Anhaltspunkt bietet. (M.-E. v. 29. Oktober 1881, F.-M.-Bl. S. 386 u. ff.)

nur hinsichtlich deren Vorhandenseins, sondern auch in Absicht auf den geringeren oder größeren Grad der Erwerbsbeschränkung, durch welchen der Erlaß einer geringeren oder größeren Steuerquote bedingt wird, pflichtmäßig zu würdigen.

Es soll hiebei nach den in den Ausschüssen der Kammer gepflogenen Berathungen mit entsprechender Vorsicht verfahren und namentlich der Erlaß der Betriebsanlage für einen allenfallsigen Begleiter dann versagt werden, wenn dessen Unentbehrlichkeit für den erwerbsbeschränkten Unternehmer nicht feststeht, oder vermuthet werden kann, daß der Begleiter für eigene Rechnung ein Gewerbe im Umherziehen betreibe.

§ 9.

Steuerermäßigungen gemäß Art. 5 Abs. 2 des Gesetzes werden auf Ansuchen vom k. Staatsministerium der Finanzen im Einverständnisse mit dem k. Saatsministerium des Innern aus ähnlichen Gründen bewilliget, wie solche seither zur Einräumung der Begünstigung einer ermäßigten Abgabe für Legitimationsscheine nach § 22 Abs. 3 der Allerhöchsten Verordnung vom 4. Dezember 1872 (Reggsbl. S. 2675) Veranlassung gegeben haben.

Die einschlägigen Gesuche sind rechtzeitig, d. h. thunlichst vor dem Eintritte des Zeitpunktes der Steuerpflicht oder vor Beginn des Steuerjahres bei der Distriktsverwaltungsbehörde einzureichen, welche dieselben mit Gutachten versehen dem einschlägigen Rentamte zur berichtlichen Aeußerung und Vorlage an die Regierungsfinanzkammer übermittelt. Letztere hat über die Voraussetzungen der Ermäßigung sich mit der k. Regierung, Kammer des Innern, zu benehmen und sodann die erwachsenen Akten mit gutachtlichem Antrage dem k. Staatsministerium der Finanzen vorzulegen.

Die Verhandlungen zur Instruirung von Steuerermäßigungen nach Art. 5 Abs. 2 des Gesetzes sind unbeschadet der Vollständigkeit als dringlich zu behandeln. Sollte deren Bescheidung nicht mehr rechtzeitig vor dem Eintritte der Steuerpflicht ermöglichet sein, so haben die treffenden Pflichtigen unter Vorbehalt des Rückersatzes die volle Steuer zu entrichten.

Den Distriktsverwaltungsbehörden bleibt anheimgegeben, Steuerermäßigungen nach Art. 5 Abs. 2 des Gesetzes unter Einhaltung der vorstehend über das Verfahren gegebenen Vorschriften von Amtswegen in Anregung zu bringen.

§ 10.

Abgesehen von den Wanderlagern, hinsichtlich deren die Ausführungsvorschriften in §§ 23 mit 29 nachfolgen werden, richtet sich die Zuständigkeit des Rentamtes, welches die Besteuerung des Gewerbebetriebs im Umherziehen vorzunehmen hat, nach dem Wohnorte des Pflichtigen in Bayern (Art. 6 Abs. 2 des Gesetzes).[1]

Zur Vermeidung von Unzuträglichkeiten ist mittelst geeigneter Belehrung dahin zu wirken, daß von jenen Pflichtigen, welche ihren Wohnort in Bayern haben, die Besteuerung rechtzeitig vor Aufnahme des Gewerbebetriebs beim Rentamte des Wohnortes nachgesucht, und von der Ausnahme in Art. 14 Abs. 4 des Gesetzes nur ein beschränkter Gebrauch gemacht werde.

Dies gilt namentlich für den pro 1880 zu eröffnenden Gewerbebetrieb, während pro 1879 dem Umstande, daß mehrfach beim Eintritte der Wirksamkeit des Gesetzes herumziehende Gewerbetreibende von ihrem Wohnorte entfernt sind, Rechnung getragen werden muß.

§ 11.

Gemäß Art. 7 des Gesetzes ist Jeder, der ein der Steuer vom Gewerbebetrieb im Umherziehen unterliegendes Gewerbe in Bayern ausüben will, bei Strafvermeidung (Art. 16) gehalten, dasselbe beim Rentamte zur Besteuerung anzumelden.

Hiebei kann:

I. als der regelmäßigere Fall angenommen werden, daß

a) der Gewerbtreibende gemäß § 55 der Gewerbeordnung vom 21. Juni 1869 des Legitimationsscheines einer bayerischen Verwaltungsbehörde zur Gewerbsausübung bedarf, oder daß

b) ein Gewerbtreibender mit einem von einer außerbayerischen deutschen Verwaltungsbehörde ausgestellten Legitimationsscheine versehen eine Ausdehnung seines Betriebs nach Bayern beabsichtigt und hiezu in allen Fällen, in welchen hiefür eine besondere Abgabe zu entrichten ist, einer Vormerkung auf dem Legitimationsscheine seitens derjenigen bayerischen Verwaltungsbehörde bedarf, in deren Bezirk das Königreich betreten oder der Gewerbebetrieb begonnen

[1] Bezüglich derjenigen Personen, welche in Bayern einen Wohnsitz nicht haben, vergl. Entschließung der K. Staatsministerien des Innern und der Finanzen vom 1. Februar 1882.

wird, (§ 22 Abs. 2 und § 24 Abs. 1 der Allerhöchsten Verordnung vom 4. Dezember 1872), oder daß

c) Ausländer, welche mit einem von einer außerbayerischen deutschen Verwaltungsbehörde ausgestellten Legitimationsscheine versehen ihr Gewerbe in Bayern betreiben wollen, hiezu der Ausdehnung des Legitimationsscheines durch die zuständige Behörde des treffenden bayerischen Verwaltungsbezirks bedürfen (Ziff. 5 der Bekanntmachung des Reichskanzlers vom 7. März 1877).[1])

In diesen Fällen hat gemäß Art. 8 Abs. 1 des Gesetzes die Anmeldung und Besteuerung den in lit. a—c oben bezeichneten Maßnahmen der Verwaltungsbehörden hinsichtlich des Legitimationsscheines voranzugehen.[2])

Die Pflichtigen sind daher behufs vorgängiger Entrichtung der Steuer an das Rentamt zu verweisen und es soll der Besteuerungsnachweis dem Legitimationsschein beigefügt werden.[3])

II. In nachstehenden Fällen hat dagegen eine Thätigkeit der Behörden der inneren Verwaltung hinsichtlich der Ertheilung oder Ausdehnung eines Legitimationsscheines nicht einzutreten, sondern der Pflichtige ist vor Eröffnung des Gewerbebetriebs in Bayern lediglich zur Anmeldung beim Rentamte und Einholung eines gesonderten Besteuerungsnachweises gehalten:[4])

a) wenn dem Deutschen Reiche angehörige Gewerbetreibende von Andern bezogene (nicht selbstgewonnene) rohe Erzeugnisse der Land- und Forstwirthschaft, des Garten- und Obstbaues im Umherziehen feilbieten wollen,

b) wenn Ausländer den Verkauf oder Ankauf roher Erzeugnisse der Land- und Forstwirthschaft, des Garten- und Obstbaues im gewöhnlichen Grenzverkehr betreiben wollen,

c) wenn dem Deutschen Reiche angehörige Personen auf Grund eines von einer nicht bayerischen deutschen Behörde ausgestellten Legitimationsscheines in Bayern einen Gewerbebetrieb im Umherziehen beabsichtigen, für welchen die in § 22 Abs. 2 der Allerhöchsten Verordnung vom 4. Dezember 1872 bezeichneten besonderen Abgaben nicht zu erlegen sind.

---

[1]) Ersetzt durch Absch. II A Ziff. 6 der Bundesrathsverordnung vom 31. Oktob. 1883.

[2]) Ueber das Verfahren falls eine Steuer nicht zu entrichten ist, siehe Anmerkung zu Art. 8 Abs. II.

[3]) Siehe Anmerkung zu § 17.

[4]) Hinsichtlich der Erhebung der Gemeindeumlagen siehe Anmerkg. zu § 21 Abs. III.

§ 12.

Die Anmeldung zur Steuer soll in der Regel persönlich und mündlich durch den Gewerbtreibenden geschehen.

Derselbe ist verpflichtet, dem Rentamte alle jene Verhältnisse hinsichtlich der Art und des Umfanges seines Gewerbebetriebs anzugeben, welche nach Inhalt des Gesetzes und des demselben beigefügten Tarifs für die Bemessung der Normal- und Betriebsanlagen von Belang sind.

Auf Verlangen hat der Pflichtige dem Rentbeamten oder dessen Stellvertreter Einsicht von der Art und dem Umfange des Geschäftsbetriebes zu gestatten.

Gleichzeitig ist derselbe behufs wahrheitsgetreuer Angabe auf die Strafbestimmungen des Gesetzes aufmerksam zu machen.

§ 13.

Schriftliche Anmeldungen oder Anmeldungen durch Dritte können nur ausnahmsweise durch Angehörige des Rentamtsbezirks dann vorgenommen werden, wenn der Unternehmer an dem persönlichen Erscheinen beim Rentamte nachweisbar behindert ist und wenn die Verhältnisse des Gewerbebetriebs dem Rentamte bekannt sind oder demselben in einer Weise glaubhaft dargelegt werden, daß die Steueranlage ohne weitere Erhebungen stattfinden kann.

Daß in solchen Fällen auf Grund der Anmeldung der Einzug der Steuer nebst Umlagen sofort oder doch vor Eröffnung des Gewerbebetriebs erfolgen könne, dafür hat der Pflichtige Sorge zu tragen.

§ 14.

Schätzungen gemäß Art. 14 Abs. 3 des Gesetzes werden ausnahmsweise (abgesehen von der Besteuerung der Wanderlager) nur bei Gewerben der unter Tar.-Nr. 5 und der Tar.-Nr. 8 lit. b und g bezeichneten Art nothwendig werden; jedoch auch bei derartigen Gewerben nur dann, wenn über die Menge und den Werth der zum Verkauf kommenden Waaren oder zur Schaustellung gelangenden Gegenstände mit Rücksicht auf den für die Betriebsanlage zu wählenden Ansatz Zweifel bestehen und hierüber nicht auf anderem Wege — z. B. durch Einsichtnahme von Unfall-Versicherungsscheinen und dergl. — Kenntniß erlangt werden kann.

Für die Vornahme von Schätzungen hat das Rentamt rechtzeitig geeignete Persönlichkeiten aus der Reihe der am Amtssitze vorhandenen Handels- und Gewerbtreibenden auszuwählen.

Befindet sich der Sitz des Rentamtes in einer Stadt mit 4000 Einwohnern und darüber, so ist behufs Auswahl der zu Schätzungen zu verwendenden Sachverständigen mit den einschlägigen Handels- und Gewerbekammern oder Bezirksgremien (Allerh. Verordnung vom 20. Dezember 1868 Reggsbl. S. 2555) ins Benehmen zu treten.

Die gewählten Sachverständigen sind vom k. Rentamte auf den gewissenhaften und unparteiischen Vollzug der ihnen aufgetragenen Schätzungen mittelst Handschlages an Eidesstatt zu verpflichten.[1])

Denselben kann für Zeitversäumniß und etwaige Reisekosten eine Entschädigung nach Maßgabe des Normativs vom 13. Dezember 1875 (Fin.-Min.-Bl. S. 340) gewährt werden.

§ 15.

Die geschehenen Anmeldungen und die sich hieran anschließenden Steuerfeststellungen sind in eine Steuerliste nach dem anliegenden Formular I einzutragen. Dieselbe dient gleichzeitig zur Vormerkung des Einzuges der Steuer nebst Kreisumlagen.

Die Einträge in die Steuerliste erstrecken sich auf alle das treffende Rentamt berührenden Einsteuerungen nach Maßgabe des gegenwärtigen Gesetzes, gleichviel

a) ob diese Einsteuerungen vom Rentamte selbst für eigene Rechnung vorgenommen wurden, oder
b) ob die Einsteuerung vom Rentamte für Rechnung eines auswärtigen Amtes erfolgte, oder
c) ob die Einsteuerung durch ein auswärtiges Rentamt für Rechnung des treffenden Rentamtes statthatte.

In dem Falle unter litt. b hat das einsteuernde Rentamt dem für den Wohnort des Pflichtigen zuständigen auswärtigen Amte durch Uebersendung eines Auszugs aus der Steuerliste ungesäumte Mittheilung zu machen.

In dem Falle unter litt. c erfolgt der Eintrag in die Steuerliste auf Grund des von dem auswärtigen Rentamte mitgetheilten Listenauszugs. — Art. 14 Abs. 4 und 5 des Gesetzes.

---

[1]) Vergl. § 26 Abs. 3.

§ 16.

Hinsichtlich der Führung der Steuerliste ergehen folgende weitere Vorschriften:

1) Die Einträge in die Steuerliste erfolgen je nach dem Tage der Anmeldung bezw. Einsteuerung oder nach dem Tage des Einlaufs einer Mittheilung über die bei einem auswärtigen Amte für Rechnung des treffenden Rentamts stattgehabte Einsteuerung.

2) Die Einträge laufen vom Beginne der in Wirksamkeit des Gesetzes stattfindenden Anmeldungen bis 30. September des darauf folgenden Jahres. Am genannten Tage ist die Steuerliste für das jeweilige Rechnungsjahr abzuschließen.

Sollten sich Gewerbetreibende nach dem 30. September 1879, für die Folge je vom 1. Oktober bis 30. September noch für das laufende Jahr zur Steuer anmelden, so erfolgt der Eintrag in die Liste des nächsten Jahres vorbehaltlich der rechnerischen Auszeigung solcher Zugänge als Einnahmsnachholungen aus dem Vorjahre des einschlägigen Rechnungsjahres.

3) Die Rubriken 5 und 6 der Steuerliste sind auf Grund der Angaben der Pflichtigen und der hiewegen seitens des Rentamtes eingezogenen Erkundigungen mit möglichster Genauigkeit auszufüllen, da deren Inhalt für etwaige Strafeinschreitungen zur Grundlage zu dienen haben wird.

4) Die Gründe bewilligter Steuerermäßigungen sind bei Anwendung des Art. 5 Abs. 1 (§ 8 oben) in Rubrik 7 der Steuerliste, bei Anwendung der Art. 5 Abs. 2 (§ 9 oben) in Rubrik 13 der Steuerliste ersichtlich zu machen.

5) Etwaige Schätzungsgutachten (§ 14 oben), Mittheilungen auswärtiger Aemter über die für Rechnung des Rentamtes stattgehabten Einsteuerungen (§ 15 Abs. 4 oben) oder schriftlich erfolgte Anmeldungen (§ 13 oben) sind der Steuerliste als Belege anzureihen.

6) Mit der Berechnung der Steuer erfolgt jene der Kreisumlagen, wobei hinsichtlich der Einsteuerung für Rechnung auswärtiger Rentämter das im Gesetz- und Verordnungsblatt veröffentlichte Umlagenprozent jenes Regierungsbezirks in Ansatz zu bringen ist, welchem das auswärtige Rentamt angehört.

Sollte zur Zeit der Steueranlage und Steuererhebung für das treffende Jahr der Prozentsatz der Kreisumlage noch nicht veröffentlicht sein, so erfolgt die Berechnung derselben nach der Bestimmung des letztmals veröffentlichten Landrathsabschiedes.

7) Die Zahlung und Einhebung der Steuer nebst Kreisumlage soll in der Regel sofort bei der Anmeldung erfolgen. Tag und Betrag der geleisteten Zahlung sind vom Rentamte in die Steuerliste einzustellen, ausgenommen in den Fällen der Ueberweisung durch auswärtige Rentämter (§ 15 Abs. 2 lit. c und Abs. 4), in welchen die Rubriken 7, 11 und 12 der Steuerliste leer durchzuführen sind, und erläuternder Vortrag in Rubrik 13 zu erfolgen hat.

8) Die Einzahlung der Steuer und Kreisumlage nach Maßgabe des gegenwärtigen Gesetzes erfolgt bei der steuerveranlagenden Behörde. Sie kann Steuereinnehmern oder Steuer-Vorgehern nicht übertragen werden.

§ 17.

Die Nachweisungen über Entrichtung der Steuer nebst Kreisumlagen sind in den Fällen des Art. 8, Abs. 2 und 3 des Gesetzes (vid. § 11 Ziff. I oben) nach Anleitung des anliegenden Formulares II, in den Fällen des Art. 9 dagegen (vid. § 11 Ziff. II oben) nach Anleitung des anliegenden Formulares III auszufertigen.

Die Besteuerungsnachweise nach Formular III werden dem Pflichtigen sofort und gesondert nach Entrichtung der Steuer und Kreisumlagen behändiget, jene nach Formular II sollen dem Legitimationsscheine beigefügt werden und sind daher, soferne es hinsichtlich der Ertheilung oder Ausdehnung desselben noch besonderer Maßnahmen bedarf, der zuständigen Verwaltungsbehörde zu übermitteln.[1])

---

[1]) Die neuen Formulare A, B und C für die Wandergewerbescheine enthalten ein besonderes Blatt zur Aufnahme der „Bescheinigung über die Entrichtung der Landessteuern" und zwar sind die von den bayerischen Distriktspolizeibehörden auszufertigenden Wandergewerbescheine so eingerichtet, daß die Steuerquittung unmittelbar in den Wandergewerbeschein eingeschrieben werden kann, und enthalten zu diesem Zwecke auf dem letzten Blatte einen entsprechenden Vordruck.

Die Distriktspolizeibehörden haben jeweils einen entsprechenden Vorrath an die einschlägigen k. Rentämter gegen Bescheinigung abzugeben und mit letzteren von Zeit zu Zeit über den Material-Verbrauch Abrechnung zu pflegen.

Die Rentämter haben sich zur Ausfertigung des Besteuerungsnachweises der Wandergewerbescheinformulare zu bedienen und den betreffenden Vordruck unter Beidrückung des Siegels entsprechend auszufüllen. Die in dieser Weise mit dem Besteuerungsnachweise versehenen

Für das Jahr 1879 ist jedoch anzunehmen, daß die meisten Personen, welche in Bayern ein Gewerbe im Umherziehen betreiben, sich zur Zeit des Eintrittes der Wirksamkeit gegenwärtigen Gesetzes bereits im Besitze eines von einer bayerischen Behörde ausgestellten oder mit dem Ausdehnungsvermerke einer bayerischen Behörde versehenen Legitimationsscheines befinden. Diese Personen sind auch dann, wenn sie ihrer Gewerbsteuerpflicht nach Maßgabe des Gesetzes vom 1. Juli 1856 nachgekommen sind, gehalten, sich zur Steuer nach Maßgabe des gegenwärtigen Gesetzes anzumelden und dieselbe gegen Anrechnung der nach dem früheren Gesetze gezahlten Steuer für das ganze Jahr 1879 zu entrichten.

Treffen, worüber sich das Rentamt bei der Anmeldung zu vergewissern hat, die vorerwähnten Voraussetzungen zu, so ist dem Rentamte gestattet, die nach Formular II auszustellende Steuernachweisung dem Inhaber des Legitimationsscheines in der Weise zu behändigen, daß unter geeigneter Aenderung des Vermerks der Steuerzahlung auf dem Legitimationsscheine die rentamtliche Nachweisung über die neu entrichtete Steuer dem Legitimationsscheine beigeheftet oder auch, soferne der Legitimationsschein Raum bietet, beigeschrieben wird.

Wandergewerbescheinformulare sind durch den Boden oder die Post — in keinem Falle durch den betheiligten Gewerbetreibenden selbst — an die Distriktspolizeibehörde zu übermitteln.

Bezüglich des im einzelnen Fall zu wählenden Formulars (A, B oder C) wird auf Ziff. III der Bundesrathsverordnung vom 31. Oktober 1883 — abgedruckt in Abth. II — verwiesen. Nöthigenfalls haben die Distriktspolizeibehörden hierüber den Rentämtern die erforderlichen Erläuterungen zu geben.

Ergibt sich bei Prüfung des Gesuches um Ausstellung des Wandergewerbescheines, daß der Wandergewerbeschein zu versagen ist, so hat die Distriktspolizeibehörde das Formular an das Rentamt behufs Rückgabe der Steuer zurückzusenden. Die auf diese Weise unbrauchbar werdenden Formulare sind von dem Rentamte einstweilen aufzubewahren und gelegentlich der Materialabrechnung an die Distriktspolizeibehörde zurückzugeben, welche dieselben sodann vernichtet.

Falls die Steuer für eine Gesellschaft von dem Unternehmer entrichtet wird und ein gemeinsamer Wandergewerbeschein für die sämmtlichen Mitglieder der Gesellschaft ausgestellt werden soll (§ 60a Abs. III der Gewerbeordnung), so ist von dem Rentamte nur ein Formular mit dem Besteuerungsnachweise versehen an die Distriktspolizeibehörde zu senden. Falls dagegen die Ausstellung besonderer Wandergewerbescheine für jedes Mitglied der Gesellschaft gewünscht wird, sind von dem Rentamte soviele Exemplare, als die Gesellschaft Mitglieder zählt, an die Distriktspolizeibehörde zu senden, nachdem verher in den einzelnen Formularen durch geeigneten Vermerk auf die gemeinsame Besteuerung hingewiesen worden ist.

In denjenigen Fällen, in welchen es sich nicht um Ausstellung eines Wandergewerbescheines durch eine bayerische Behörde handelt, sondern ein Gewerbetreibender, der sich im Besitze eines von einer außerbayerischen deutschen Behörde ausgestellten Wandergewerbescheines befindet, seinen Geschäftsbetrieb auf Bayern auszudehnen beabsichtigt und hiezu, sei es mit Rücksicht auf die zu bezahlenden besonderen Abgaben, sei es mit Rücksicht auf die Bestimmungen über die Darbietung von Lustbarkeiten (§ 60 Abs. II der Gewerbeordnung) und über den Gewerbebetrieb der Ausländer im Umherziehen (angeführte Bundesrathsverordnung vom 31. Oktober 1883 Absch. II Ziff. 6) einer Vormerkung Seitens einer bayerischen Distriktspolizeibehörde in seinem Wandergewerbescheine bedarf, so ist der Besteuerungsnachweis auf einem besonderen Formulare auszustellen, an die Distriktspolizeibehörde zu übersenden und von letzterer unter entsprechender Vormerkung dem Wandergewerbescheine beizuheften. (Entschließung der K. Staatsministerium des Innern und der Finanzen vom 13. Dezbr. 1883.)

Für das Jahr 1880 und die folgenden behalten sich die unterzeichneten Staatsministerien hinsichtlich der Verbindung des Besteuerungsnachweises mit dem Legitimationsscheine (Art. 8 Abs. 2) eine anderweite Regelung vor.

§ 18.

Als zuständige Behörden, deren Beamten oder Vollzugsorganen gemäß Art. 11 des Gesetzes herumziehende Gewerbtreibende den Legitimationsschein und Besteuerungsnachweis auf Erfordern vorzuzeigen haben, kommen die Distrikts- und Ortspolizeibehörden, dann die Rentämter in Betracht.

Der entsprechende Vollzug dieses für die Wirksamkeit des Gesetzes sehr wesentlichen Controlmittels obliegt zunächst den betreffenden Aufsichtsorganen der genannten Behörden (der Gendarmerie, den Polizeisoldaten, Gemeindedienern und Rentamtsboten), welche anzuweisen sind, jeden Unternehmer eines Gewerbes im Umherziehen, der von ihnen in Ausübung seines Gewerbes betroffen wird, zur Vorzeigung des Legitimationsscheines und Besteuerungsnachweises für das betreffende Kalenderjahr aufzufordern und genaue Controle darüber auszuüben, ob den Vorschriften des gegenwärtigen Gesetzes namentlich auch mit Rücksicht auf die Bestimmung in Art. 12 genügt worden sei.

Bei Contraventions-Fällen ist nach Maßgabe der in §§ 30—34 gegebenen Vorschriften[1]) zu verfahren.

§ 19.

Anmeldungen in Folge geänderter Verhältnisse des Gewerbebetriebs gemäß Art. 12 des Gesetzes sind vom Rentamte in ähnlicher Weise wie die Steueranmeldungen gemäß Art. 7 des Gesetzes zu behandeln.

Eine Steuerminderung in Folge geänderter Betriebsverhältnisse findet gemäß Art. 13 Abs. 1 des Gesetzes innerhalb des Kalenderjahres nicht statt.

Ist die angemeldete Betriebsänderung ohne Einfluß auf die Jahressteuer, so genügt ein amtlicher Vermerk der Aenderung im Besteuerungsnachweise und es kann von einem Eintrag des Sachverhaltes in die Steuerliste abgesehen werden.

Führt dagegen die angemeldete Betriebsänderung zu einer

[1]) Ersetzt durch Ministerial-Bekanntmachung vom 25. Oktober 1879.

Erhöhung der Steuer, dann ist der Sachverhalt in den Rubriken 5—7 der Steuerliste zum Ausdrucke zu bringen, hienach das Mehr der Steuer und Umlagen einzutragen und die sofort zu bethätigende Einhebung vorzumerken.

Die Vorschriften in § 15 Abs. 3 mit 5 finden auch auf derartige Steuererhöhungen in Folge angemeldeter Betriebsänderungen entsprechende Anwendung.

§ 20.

Für die ausnahmsweise Bewilligung einer Steuererstattung gemäß Art. 13 Abs. 2 des Gesetzes müssen die gesetzlichen Voraussetzungen rechtzeitig von demjenigen, welcher die Erstattung beansprucht, nachgewiesen werden.

Ein Grund, die Erstattung der Steuer nachzusuchen, ist auch dann gegeben, wenn nach erfolgter Einsteuerung eine Zulassung des Besteuerten zum Gewerbebetrieb im Umherziehen überhaupt oder für den Umfang des Königreichs Bayern oder für den Umfang jenes Verwaltungsbezirks, in welchem vor Eröffnung des Betriebs die Steuer erlegt wurde, von der zuständigen Verwaltungsbehörde mit Rücksicht auf die Vorschriften der Gewerbeordnung versagt wird. In diesen Fällen hat der Pflichtige die Steuererstattung bei jenem Rentamte zu beanspruchen, welches die Besteuerung thatsächlich vorgenommen hat.

Wird in sonstigen Fällen die Steuererstattung bei einem anderen als dem steuerveranlagenden Rentamte nachgesucht und geleistet, dann hat dieses Rentamt die eingezogene und mit Rückersatzbescheinigung versehene Steuernachweisung gegen Baarvergütung jenem Rentamte zu übersenden, von welchem die Besteuerung thatsächlich vorgenommen wurde.

Die Erstattung der Steuer nebst Kreisumlagen ist in der Steuerliste des steuerveranlagenden Rentamts als Abgang zu behandeln, wobei die Vorschrift des Art. 14 Abs. 4 und 5 zur entsprechenden Anwendung zu gelangen hat.

§ 21.

Daß alle Gewerbtreibende, welche in einer Gemeinde mit der Steuer nach Maßgabe des gegenwärtigen Gesetzes angelegt werden, auch zu den daselbst zur Erhebung kommenden Gemeindeumlagen herangezogen werden können, ist bei den Berathungen über das Gesetz ausdrücklich anerkannt worden.

Stenographischer Bericht über die 77. Sitzung der Kammer der Abgeordneten vom 15. Februar 1879 Bd. III. S. 289.

Insbesondere verfolgen die nach Vorschrift des Art. 14 Abs. 4 und 5 zu machenden Mittheilungen über die bei einem auswärtigen Rentamte vollzogene Einsteuerung den Zweck, die Umlagenerhebung für jene Gemeinden zu sichern, welchen die ein Gewerbe im Umherziehen betreibenden Pflichtigen angehören.[1])

Demgemäß haben die Rentämter den Gemeindeverwaltungen jederzeit Gelegenheit zu eröffnen, von jenen Vorträgen der Steuerliste, an welchen dieselben hinsichtlich der Umlagenerhebung betheiligt sind, Einsicht und Abschrift zu nehmen.[2]) (Art. 46 der Gemeindeordnung vom 29. April 1869 für die Landestheile diesseits des Rheins und Art. 36 Abs. 3 der Gemeindeordnung vom gleichen Tage für die Pfalz — Gesetzblatt S. 896 und 1030.)

In jenen Fällen, in welchen die Rentämter die Einhebung der Gemeindeumlagen besorgen, sind die letzteren gleichzeitig mit der Steuer einzuheben.

§ 22.

Werden vom Gewerbsteuerausschusse beim Vollzuge des Art. 14 Abs. 2 Erinnerungen oder Anträge in Bezug auf die Steueranlage nach Maßgabe den gegenwärtigen Gesetzes erhoben, so sind solche dem Ausschußprotokolle einzuverleiben und von der Regierung, Kammer der Finanzen, zu bescheiden.

Der erlassene Bescheid, welcher übrigens eine materielle Aenderung der Steueranlage nicht bewirken kann, ist den sämmtlichen Mitgliedern des Gewerbsteuerausschusses durch Zufertigung einer Abschrift zu eröffnen.

Stenographischer Bericht über die 77. Sitzung der Kammer der Abgeordneten vom 15. Februar 1879 Bd. III S. 299.

§ 23.

Die Anmeldung von **Wanderlagern und Wanderauktionen** hat gemäß Art. 15 Ziff. 4 des Gesetzes zunächst bei der Gemeindebehörde des Betriebsortes zu erfolgen. Dieser steht

[1]) Siehe § 60 Abs. I der Gewerbeordnung nebst Anmerkungen.

[2]) In denjenigen Fällen, in welchen wegen Nichtbestehens der Wandergewerbescheinpflicht lediglich ein rentamtlicher Besteuerungsnachweis auszustellen ist, haben die Rentämter darauf zu achten, daß den treffenden Gemeinden noch vor Aushändigung des Besteuerungsnachweises an den Gewerbetreibenden Kenntniß von der Anlage bezw. Erhebung der Steuer und Gelegenheit zur Erhebung der Gemeinde und Distriktsumlagen gegeben werde. (§ 4 Abs. III der Entschließung der K. Staatsministerien des Innern und der Finanzen vom 1. Febr. 1882.)

hienach auch die primäre Würdigung der Frage zu, ob ein feil zu bietendes Waarenlager als Wanderlager anzusehen sei oder nicht.

Hinsichtlich der Kriterien eines Wanderlagers wird auf die Bestimmungen in Art. 15 Abs. 1 und 2 des Gesetzes verwiesen. In der Regel werden sich Wanderlager und Wanderauktionen von stehenden Handelsgeschäften durch die Wahl des Verkaufslokals, durch die Art der Ankündigungen, durch die ganze Art der äußeren Einrichtung des Handels, sowie auch durch den Mangel der Anmeldung einer Firma zur Verlautbarung im Handelsregister unterscheiden.

Als feste Verkaufsstätten, von welchen aus vorübergehend Waaren feilgeboten werden, können gemiethete Läden und Magazine oder die Verkaufsräume der Auktionatoren und Inhaber von Licitationsanstalten, ebenso aber auch Privatwohnungen oder Gasthofzimmer in Betracht kommen. Jedoch ist der Verkauf von Vieh, welches durch Hausirhändler (Nr. 5 des Tarifs) in besonderen Lokalen aufgestellt ist, in der Regel nicht, als ein Verkauf aus Wanderlagern zu betrachten.

Handelsgeschäfte, welche an gewissen Orten mit zeitweilig erheblichem Fremdenbesuche (an Bade=, Cur= oder dergleichen Orten) während eines Theiles des Jahres — der sogenannten Saison — regelmäßig betrieben werden, sind auch dann, wenn der Wohnsitz oder der Sitz der gewerblichen Hauptniederlassung des Unternehmers sich an einem andern Orte befindet, in der Regel als stehende Zweigniederlassungen mit der Gewerbsteuer nach Maßgabe des Gesetzes vom 1. Juli 1856[1]) anzulegen und fallen nicht unter den Begriff der Wanderlager.

(Stenogr. Bericht über die 77. Sitzung der Kammer der Abg. vom 15. Febr. 1879 Bd. III. S. 312|13.)

§ 24.

Bei der Anmeldung ist außer dem Namen und der Heimath des Pflichtigen die Gattung des Handelsgeschäfts, der Werth der zum Verkaufe oder zur Versteigerung gelangenden Waaren, das Lokal, wo dieselben ausgeboten werden oder sich gelagert befinden, und die beabsichtigte Dauer des Betriebs anzugeben.

Der Anmeldende ist behufs wahrheitsgetreuer Angabe auf die Strafbestimmungen des Gesetzes aufmerksam zu machen. Auch

[1]) Nun „19. Mai 1881“.

ist demselben zu bedeuten, daß er sich vor Eröffnung des Betriebs der Einsteuerung zu unterziehen habe.

Die Gemeindebehörde hat jede bei ihr stattgefundene Anmeldung von Wanderlagern oder Wanderauktionen sofort durch Zufertigung eines Auszugs aus dem Anmelderegister dem für den Betriebsort zuständigen Rentamte mitzutheilen.

Sollte die Gemeindebehörde auf andere Weise als durch Anmeldung des Pflichtigen Kenntniß davon erhalten, daß im Gemeindebezirke der Betrieb eines Wanderlagers oder einer Wanderauktion eröffnet worden ist, so ist dieselbe verpflichtet, dem Rentamte behufs der Steueranlage beziehungsweise Strafeinschreitung hievon auf kürzestem Wege Mittheilung zu machen.

§ 25.

Das Rentamt ist jedoch auch ohne Veranlassung seitens der Gemeindebehörde befugt und verpflichtet, die Einsteuerung eines Wanderlagers durch Vorladung des Unternehmers und protokollarische Constatirung der Betriebsverhältnisse (vide § 24 Abs. 1) einzuleiten, wenn aus öffentlichen Ankündungen oder sonstigen Wahrnehmungen und Mittheilungen die Ueberzeugung gewonnen wird, daß in einer Gemeinde des Amtsbezirks die Haltung eines Wanderlagers beabsichtigt oder dessen Eröffnung erfolgt sei.

Das Gleiche gilt von dem Geschäftsbetrieb der Auktionatoren oder Inhaber von Licitationsanstalten, soferne aus dem Inhalte ihrer Ankündigungen oder aus sonstigen Mittheilungen und Wahrnehmungen vermuthet werden kann, daß dieselben für auswärtige Auftraggeber Waaren versteigern oder feilbieten. Im Zweifel sind die erwähnten Geschäftsleute anzuhalten, den Eigenthümer der fraglichen Waaren gemäß Art. 15 Ziff. 5 Abs. 2 des Gesetzes glaubhaft nachzuweisen, woraus sich sodann die erforderlichen Anhaltspunke der Beurtheilung, ob eine Wanderauktion vorliege oder nicht, ergeben werden.

Um eine entsprechende Controle für derartige Wahrnehmungen stets zu ermöglichen, sind die Rentämter gehalten, jene Lokalblätter ihres Amtsbezirkes, in welchen die Geschäftsankündigungen regelmäßige Verbreitung finden, à conto der Regieausgaben für direkte Steuern anzuschaffen und von dem desfallsigen Inhalte derselben Kenntniß zu nehmen.

§ 26.

Der von der Gemeindebehörde übersendete Auszug aus dem Anmelderegister (§ 24 Abs. 3) oder die auf Grund anderweitiger Veranlassung aufgenommene protokollarische Constatirung (§ 25 Abs. 1) ist dem zur Einschätzung der Waarenvorräthe gemäß Art. 14 Abs. 3 des Gesetzes und § 14 gegenwärtiger Instruktion aufgestellten Sachverständigen zum Behufe der Feststellung des Geldwerthes der Waarenvorräthe auszuhändigen.

Die Feststellung erfolgt seitens des Sachverständigen mittelst schriftlicher Aufzeichnung. Dem Betheiligten ist gestattet, von dem Inhalte der letzteren Kenntniß zu nehmen und, daß dieß geschehen, auf derselben unterschriftlich zu bestätigen.

Außer der gewissenhaften Vornahme der Schätzung hat sich die Verpflichtung der für Wanderlager rc. aufgestellten Sachverständigen[1]) noch auf den Vollzug der nach rentamtlicher Anordnung gemäß Ziff. 9 des Art. 15 vorzunehmenden Controlen zu erstrecken.

§ 27.

Auf Grund des Schätzungsergebnisses erfolgt durch das Rentamt die Berechnung der Steuer nebst Kreisumlagen und der Eintrag in die nach § 15 und 16 gegenwärtiger Bekanntmachung zu führende Steuerliste, wobei jedoch darauf aufmerksam gemacht wird, daß nicht allein für die Anlage der Steuer, sondern auch für die Erhebung und Verrechnung derselben gemäß Art. 15 Ziff. 1 und 6 des Gesetzes das Rentamt des Betriebsortes ohne Rücksicht auf den Wohnort des Unternehmers zuständig ist.

Die angemeldete und für die Steuer in Berechnung gebrachte Betriebsdauer ist mit Bezeichnung des Anfangs- und Schlußtages in Rubrik 7 der Steuerliste zum Vortrag zu bringen.

Sämmtliche der Steueranlage vorangegangene Verhandlungen sind der Steuerliste als Beleg anzureihen.

Die Einzahlung der Steuer nebst Kreisumlagen hat gegen Vormerkung in der Liste und Aushändigung eines gesonderten Besteuerungsnachweises nach Formular III (vide § 17 oben) sofort zu erfolgen.

Der Gemeindebehörde des Betriebsortes ist von der festgestellten Steuer behufs Berechnung und Einziehung der Gemeindeumlagen ungesäumte Kenntniß zu geben. Rentämter, welche die

[1]) Vergl. § 14 Abs. IV.

Einhebung von Gemeindeumlagen besorgen, haben nach Maßgabe der Anweisung in § 21 Abs. 4 oben zu verfahren.

§ 28

Den Besteuerungsnachweis hat der Unternehmer des Wanderlagers oder einer Wanderauktion längstens binnen Ablauf eines Tages nach Beendigung der angemeldeten Betriebsdauer dem Rentamte zurückzustellen.

Die Außerachtlassung dieser Vorschrift wird gemäß Art. 19 Abs. 2 des Gesetzes mit einer Geldstrafe bis zu 30 *M* belegt.

Beabsichtigt der Unternehmer den Betrieb über die angemeldete und der Steuerberechnung zu Grunde gelegte Zeitdauer ohne Unterbrechung auszudehnen, so muß dieß bei Vermeidung der in Art. 17 lit. c des Gesetzes ausgesprochenen Strafen rechtzeitig dem Rentamte zur Ausführung der in Art. 15 Ziff. 7 des Gesetzes gegebenen Vorschriften zur Kenntniß gebracht werden.

Das Gleiche gilt zum Vollzuge der Bestimmung in Art. 15 Ziff. 8, in welchem Falle das Rentamt sofort die Einschätzung der zugegangenen Waarenvorräthe gemäß § 26 oben zu veranlassen hat.

In den beiden Fällen erfolgt erneuter Vortrag in der Steuerliste unter entsprechender Anwendung der in § 27 und § 28 Abs. 1 und 2 gegebenen Vorschriften.

§ 29.

An die k. Rentämter ergeht der Auftrag, die in Art. 15 Ziff. 9 des Gesetzes vorgesehene Controlmaßregel in geeigneten Zwischenräumen durch Abordnung eines gehörig legitimirten Stellvertreters oder Sachverständigen in das Geschäftslokal des Unternehmers zur Anwendung zu bringen.

Außerdem kann zum Zwecke der Controle von Wanderlangern und Wanderauktionen namentlich in Absicht auf allenfallsige Nachschaffung von Waarenvorräthen und auf die Einhaltung der angemeldeten Betriebsdauer die Mitwirkung der Ortspolizeibehörden in Anspruch genommen werden.

Die requirirten Behörden sind gehalten, dem gestellten Ansinnen zu entsprechen und von allenfallsigen zur Anzeige gebrachten Wahrnehmungen auf kürzestem Wege die Rentämter in Kenntniß zu setzen.

§ 30—32.

(Ersetzt durch Minist.-Bekanntmachung vom 25. Oktober 1879.)

§ 33.

Die Verrechnung der Geldstrafen und der im Strafverfahren erwachsenden Kosten bemißt sich nach den deßfallsigen allgemeinen Vorschriften.

Eine Hinausvergütung der Geldstrafen nach Maßgabe des Art. 21 des Gesetzes findet nur statt bei sogenannten Hinterziehungsfällen (Art. 16 und Art. 17 Abs. 1 des Gesetzes), während die nach dem Gesetze zu verhängenden Ordnungsstrafen der Staatskassa anheim fallen.

Jedoch auch in den Straffällen wegen Hinterziehung der Steuer sind hinsichtlich der Hinausvergütung an den Armenfond die Einschränkungen des Gesetzes dahin zu beachten, daß

a) bei dem Gewerbebetrieb im Umherziehen — mit Ausnahme der Wanderlager und Wanderauktionen — wenn der Straffällige seinen Wohnsitz nicht in Bayern hat, und daß

b) in allen Hinterziehungsfällen, in welchen die Geldstrafe nicht im vollen Betrage, sondern nur theilweise beigetrieben werden kann,

die Geldstrafe in die Staatskasse zu fließen hat.

§ 34.

(Ersetzt durch Minist.-Bekanntmachung vom 25. Oktober 1879.)

§ 35.

Da das gegenwärtige Gesetz mit dem 1. April l. J. in Wirksamkeit tritt, wird es für bemessen erachtet, die sämmtlichen unter die Bestimmungen desselben fallenden Gewerbetreibenden in augenfälliger Weise darauf hinzuweisen, daß sie der ihnen obliegenden Steuerpflicht durch baldige Anmeldung beim Rentamte nachkommen.

Demgemäß haben alle Gemeindebehörden des Königreichs sofort nach dem Erscheinen der gegenwärtigen Vorschriften mittelst öffentlich anzuschlagender Bekanntmachung, welche innerhalb eines mindestens achtwöchentlichen Zeitraumes angeheftet bleiben soll, die herumziehenden Gewerbetreibenden zu veranlassen, ihrer Steuerpflicht nach Maßgabe des gegenwärtigen Gesetzes alsbald beim Rentamte nachzukommen.

Die Rentämter selbst sind gehalten, die bei Amt erscheinenden Pflichtigen über die einschlägigen Bestimmungen des Gesetzes zu unterrichten und ihnen durch geeignete Aufklärung hinsichtlich der richtigen Angaben über die zum Zwecke der Steueranlage maßgebenden Verhältnisse an die Hand zu gehen.

§ 36.

Was die in Art. 26 Abs. 3 des Gesetzes stattgehabte Anrechnung der nach dem Gesetze vom 1. Juli 1856 bereits entrichteten Steuern anlangt, so muß zwischen den unter der Wirksamkeit des gegenwärtigen Gesetzes betriebenen Wanderlagern oder Wanderauktionen und den übrigen im Umherziehen ausgeübten Gewerben unterschieden werden.

I. Bei Letzteren erfolgt die Einsteuerung mit dem Jahresbetrage für das Kalenderjahr und hieran ändert der Umstand, daß das Gesetz erst bei Beginn des II. Quartales 1879 in Wirksamkeit tritt, nichts. (Vide Stenographischer Bericht über die 77. Sitzung der K. d. Abg. vom 15. Februar 1879 Bd. III S. 297.) Dagegen kommt die bezahlte Gewerbesteuer, soweit sie für das Jahr 1879 bereits entrichtet wurde, nebst Kreisumlagen zur Anrechnung beziehungsweise Rückvergütung. Diese wird für Rechnung desjenigen Rentamtes, welches die Gewerbesteuer eingehoben hat, von dem für die Anmeldung und Anlage der neuen Steuer angegangenen Rentamte geleistet, soferne von dem Pflichtigen die Zahlung der Gewerbesteuer gehörig nachgewiesen zu werden vermag. Wird ein solcher Nachweis nicht oder in nicht glaubhafter Form gebracht, dann ist der Pflichtige behufs der Rückvergütung an jenes Rentamt, bei welchem er die Gewerbesteuer bezahlt hat, zu verweisen.

II. Für die Besteuerung der Wanderlager sind im Gesetze (Art. 15 Ziff. 4) verschiedene, mit der Betriebsdauer und nicht mit dem Kalenderjahre zusammenfallende Zeitabschnitte bestimmt. Die Steuerpflicht der Wanderlager-Inhaber nach dem gegenwärtigen Gesetze beginnt mit dem 1. April 1879 hinsichtlich jenes Betriebes, welchen sie an diesem Tage eröffnen und fortsetzen.

Haben dieselben bereits vor dem 1. April ein Wanderlager gehalten und für dasselbe pro I. Quartal 1879 Gewerbesteuer bezahlt, so kann hiefür eine Anrechnung oder Rückvergütung nicht beansprucht werden. Haben dieselben dagegen auch für die Zeit vom 1. April l. J. an, sohin für das II. Quartal 1879 und die folgenden Gewerbesteuer bezahlt, so kommt letztere mit den vom

1. April an entrichteten Raten zur Anrechnung beziehungsweise Rückvergütung.

§ 37.

Die zur Anrechnung beziehungsweise Rückvergütung gelangenden Gewerbesteuern kommen am Soll der Gewerbsteuer jenes Rentamtes, bei welchem dieselben veranlagt und vereinnahmt wurden, in Abgang.

Was die rechnerische Behandlung und Einweisung der Steuern nach Maßgabe des gegenwärtigen Gesetzes anlangt, so behält sich das mitunterzeichnete Staatsministerium der Finanzen weitere Entschließung vor.[1]) Es ist jedoch schon dermalen zu beachten, daß

a) für die Vereinnahmung der
„Gewerbesteuer nach dem Gesetze vom 1. Juli 1856 mit $^{1}/_{20}$ Zuschlag“ und der
„Steuer vom Gewerbebetrieb im Umherziehen nach dem Gesetze vom 10. März 1879“, — für welche ein finanzgesetzlicher Zuschlag nicht zur Erhebung kommt, — unter Ziff. II Cap. 3 gesonderte Rechnungstitel zu eröffnen sind, daß

b) bis zum jeweiligen Jahresabschlusse der Steuerliste (§ 16 Ziff. 2 oben) eine Zurechnung der für andere Rentämter vollzogenen Einsteuerungen und Gewerbsteuer-Rückvergütungen mittelst baarer Uebersendung — abgesehen von dem Falle des § 20 Abs. 3 oben — nicht stattzufinden hat, und daß

c) zur Erhebung der Tantiemen aus den nach Maßgabe des gegenwärtigen Gesetzes angefallenen Steuern und Kreisumlagen jenes Rentamt berechtigt ist, für dessen Rechnung die Einsteuerung vollzogen wurde und dessen Steuersoll der betreffende Anfall — auch wenn die Anlage und Einhebung der Steuer bei einem auswärtigen Rentamte statthatte — zugehört.

§ 38.

Die beigefügten Formularien können vom Conservatorium des k. Katasterbureau bezogen werden.

Bei sich ergebenden Zweifeln über die Anwendung des Gesetzes und der vorstehenden Vollzugsvorschriften haben die k. Regierungsfinanzkammern zum k. Staatsministerium der Finanzen zu berichten.

---

[1]) Vergl. Ministerial-Entschließung vom 11. November 1879, F.-M.-Bl. S. 175.

Formular I.

Steuer-Liste

des

Königl. Rentamts . . . .

für die

Anmeldung, Anlage und Einhebung der Steuer vom Gewerbebetrieb im Umherziehen nach dem Gesetze vom 10. März 1879.

Fortlauf. Nummer und Tag der Anmeldung. 1.	Anmeldung des Steuerpflichtigen. Vor- und Zuname des Gwerbtreibenden. 2.	Wohnort (unter Angabe des Rentamtssitzes in Bayern oder des Heimathlandes) des Gewerbtreibenden. 3.	Ort des Gewerbebetriebs in Bayern. 4.	Gattung und Tarif-Nummer des im Umherziehen betriebenen Gewerbes. 5.	Merkmale für die Bemessung der Betriebs-Anlage 6.	Unterschrift und erläuternde Bemerkungen einschlüssig der angemeldeten Zeitdauer eines Wanderlagerbetriebs. 7.

Rentamtliche Steueranlage und Einhebung der Steuer.										
Festsetzung der Normal- und Betriebs-Anlage	Betrag der				Der geleisteten Zahlung			Bemerkungen.	Beleg-Nummer.
	Steuer		Kreis-Umlage		Tag	Betrag			
8.	9.		10.		11.	12.		13.	14.
	M.	Pf.	M.	Pf.		M.	Pf.		

Formular II.

Besteuerungs-Nachweis

für (Vor- und Zuname) aus (Ort und Verwaltungsbezirk), welcher den Betrieb nachstehenden Gewerbes im Umherziehen beabsichtigt:

....

....

und hiefür in folgender Weise besteuert wird:

Normalanlage nach Tar.-Nr. .... ℳ .... ₰

Betriebsanlage für (folgt Angabe der Betriebsmerkmale) . . .. ℳ .... ₰

Bezahlt sind:

.... ℳ .... ₰ Steuer für das Jahr ....

.... ℳ .... ₰ Kreisumlage nach ...... Prozent

.... ℳ .... ₰ Summe.

.... den ....

Kgl. Rentamt N.

(Siegel). (Unterschrift).

Formular III.

Besteuerungs-Nachweis

für (Vor- und Zuname) . . . . aus (Ort- und Verwaltungsbezirk) . . . . . welcher für die Dauer . . . . den Betrieb nachstehenden Gewerbes . . . . beabsichtigt und dieses Gewerbe in folgender Weise ausüben wird:

. . . .

. . . .

. . . .

. . . .

. . . .

. . . .

. . . .

. . . .

Als Steuer für die angemeldete Betriebsdauer ist zu entrichten:

Normalanlage nach Tar.-Nr.	. . . . ℳ	. . . . ₰
Betriebsanlage	. . . . ℳ	. . . . ₰
Gesammtbetrag der Steuer:	. . . . ℳ	. . . . ₰
Kreisumlage nach . . . Prozent:	. . . . ℳ	. . . . ₰
Summa	. . . . ℳ	. . . . ₰

Ueber die Entrichtung der vorstehenden Summe an Steuern und Umlagen zu . . . ℳ . . . . ₰ wird hiemit Bescheinigung ertheilt.

. . . . den . . . .

Kgl. Rentamt.

(Siegel.)

(Unterschrift.)

2.

Bekanntmachung vom 25. Oktober 1879, die Behandlung der Straffälle bei Zuwiderhandlungen gegen das Gesetz über die Besteuerung des Gewerbebetriebes im Umherziehen vom 10. März 1879 betr.

(Gesetz- und Verordnungsblatt 1879 S. 1467).

Königliches Staatsministerium des Innern, Abtheilung für Landwirthschaft, Gewerbe und Handel und Königliches Staatsministerium der Finanzen.

An Stelle der §§ 30, 31, 32 und 34 der Bekanntmachung vom 16. März l. Js., den Vollzug des Gesetzes vom 10. März 1879 über die Besteuerung des Gewerbebetriebes im Umherziehen betreffend (Gesetz- und Verordnungsblatt S. 171) werden im Einvernehmen mit dem k. Staatsministerium der Justiz hinsichtlich der Behandlung der Straffachen im Verwaltungswege nachstehende Bestimmungen erlassen, welche sofort in Wirksamkeit zu treten haben.

§ 1.

Nach Art. 22 des Gesetzes vom 10. März l. Js. haben hinsichtlich des administrativen und gerichtlichen Strafverfahrens wegen der Zuwiderhandlungen gegen dieses Gesetz und die dazu erlassenen Vollzugsanordnungen die Vorschriften, nach welchen sich das Verfahren wegen Zuwiderhandlungen gegen die Zollgesetze richtet, zur Anwendung zu kommen, jedoch mit der Maßgabe, daß an Stelle der Zollbehörden die Rentämter und an Stelle der Zollverwaltungsstellen die Regierungsfinanzkammern zu treten haben, und daß gegen den rentamtlichen Strafbescheid ein Reklamationsrecht an die Regierungsfinanzkammer dem Steuerpflichtigen zusteht, sofern derselbe nicht binnen einer Woche nach Bekanntmachung des Strafbescheides auf gerichtliche Entscheidung anträgt.

Die Vorschriften über das Verfahren bei Zuwiderhandlungen gegen die Zollgesetze sind in den Art. 85 ff. des Gesetzes vom

18. August l. Js. zur Ausführung der Reichs-Strafprozeßordnung (Ges.- und Verordnungsbl. S. 824) bezw. in den §§ 459 ff. der Reichs-Strafprozeßordnung vom 1. Februar 1877 (Reichs.-Ges.-Bl. S. 336) enthalten. Indem auf diese Bestimmungen, sowie auf die Anweisung zur Behandlung der Zoll- und Aufschlag-Strafsachen im Verwaltungswege vom 2. ds. Mts. (Gesetz- und Verordnungsblatt S. 1382) hingewiesen wird, welche letztere, insoweit nicht durch die Natur der in Rede stehenden Zuwiderhandlungen eine Ausnahme begründet ist, zur entsprechenden Anwendung zu kommen hat, wird im Einzelnen Nachstehendes bemerkt:

§ 2.

Strafbare Zuwiderhandlungen gegen die Vorschriften des Gesetzes vom 10. März l. Js. sind von sämmtlichen zur Mitwirkung bei dem Vollzuge desselben berufenen Behörden und deren Aufsichtsorgane (§ 18 Abs. 1 und 2 der Vollzugsvorschriften vom 16. März l. Js.) demjenigen Rentamte zur Anzeige zu bringen, innerhalb dessen Bezirk die betreffende Verfehlung entdeckt wird.

§ 3.

Werden Unternehmer von herumziehend betriebenen Gewerben in Ausübung der nach Art. 16 und 17 des Gesetzes strafbaren Handlungen auf frischer That betroffen, so sind dieselben, soferne sie sich über ihre Person nicht befriedigend auszuweisen vermögen oder die Festnahme nöthig ist, um die Fortsetzung der strafbaren Handlung zu verhindern, vorläufig festzunehmen und nebst den zum Gewerbebetrieb im Umherziehen mitgeführten Gegenständen dem Rentamte behufs Feststellung des Thatbestandes vorzuführen.

Falls der Festgenommene wegen Wegfalls der Ursachen der Festnahme nicht alsbald vom Rentamte wieder freigegeben wird, ferner wenn das Rentamt nicht sofort den Strafbescheid erlassen kann, oder der provisorisch Festgenommene dem letztern sich nicht unterwirft, oder die fällige Steuer, Kreisumlage, Strafe und Kosten nicht zu erlegen im Stande ist, muß derselbe unverzüglich dem Amtsrichter des Bezirks, in welchem die Festnahme erfolgt ist, vorgeführt werden.

§ 4.

Der auf frischer That betretene Beschuldigte kann behufs Feststellung des Thatbestandes auch der Staatsanwaltschaft oder dem Amtsrichter vorgeführt werden, soferne er ausdrücklich darauf anträgt und der Sitz des Rentamts weiter entlegen ist, als der Amtsgerichtssitz.

Dem einschlägigen Rentamte ist gleichzeitig von dem Vorfalle Anzeige zu erstatten.

Die Gerichtsbehörde hat nach erfolgter Thatbestandserhebung die gepflogenen Verhandlungen dem einschlägigen Rentamte zur Durchführung des Strafverfahrens im Verwaltungswege zu übermitteln.

§ 5.

Das Rentamt ist bei Zuwiderhandlungen gegen die Art. 16 und 17 des Gesetzes ermächtigt, zur Sicherstellung der Abgaben, Strafen und Kosten oder zum Beweise der strafbaren Handlung die zum Gewerbebetrieb im Umherziehen mitgeführten Gegenstände mit Beschlag zu belegen.

Stehen der Verbringung solcher Gegenstände an das Rentamt besondere Hindernisse entgegen, so sind dieselben auf Anregung des mit der Vorführung des Beschuldigten befaßten Aufsichtsorgans vorbehaltlich weiterer rentamtlicher Verfügung von dem Vorstande jener Gemeinde, in deren Bezirk der Beschuldigte betreten wurde, in Verwahrung zu nehmen. In solchen Fällen ist dem Rentamte lediglich ein Verzeichniß der beschlagnahmten Gegenstände einzuliefern.

§ 6.

Wird die Anzeige mündlich erstattet, so ist hierüber mit dem Anzeiger ein Protokoll aufzunehmen; das Gleiche hat mit dem amtsanwesenden Beschuldigten zu geschehen.

Ob der Beschuldigte auch in anderen Fällen, deßgleichen ob die etwa benannten Zeugen zu vernehmen sind, bleibt dem Ermessen des Rentamtes anheimgegeben. Zur Kostenersparung ist übrigens darauf Bedacht zu nehmen, daß die Zeugen-Vernehmungen auf das zur Sachaufklärung nöthige Maß beschränkt bleiben.

Eine eidliche Vernehmung von Zeugen ist nicht statthaft.

§ 7.

Der vom Rentamte zu erlassende Strafbescheid muß gemäß § 459 der Reichs-Strafprozeßordnung die strafbare Handlung, die angewendeten Gesetzesartikel und die Beweismittel bezeichnen, ferner die

Eröffnung enthalten, daß der Beschuldigte, soferne er nicht die Reklamation an die dem Rentamte vorgesetzte Regierungsfinanzkammer nach Art. 24 des Gesetzes vom 10. März l. J. ergreife, gegen den Strafbescheid binnen einer Woche nach der Bekanntmachung desselben auf gerichtliche Entscheidung antragen könne. Wenn der Beschuldigte, oder einer derselben zur Zeit der Begehung das zwölfte, aber noch nicht das 18. Lebenjahr vollendet hat oder taubstumm ist, so ist ein Strafbescheid vom Rentamte nicht zu erlassen, sondern es steht die Entscheidung ausschließlich den Gerichten zu. Liegt eine nach Art. 16 und 17 strafbare Handlung vor, so hat das zur Strafeinschreitung zuständige Rentamt gleichzeitig auch die veranlaßte Einsteuerung des Beschuldigten, sei es für eigene Rechnung, sei es für Rechnung eines auswärtigen Rentamts, vorzunehmen.

§ 8.

Der Strafbescheid ist dem Beschuldigten vom Rentamte zu Protokoll zu eröffnen, oder soferne derselbe nicht amtsanwesend ist, mittelst schriftlicher Zustellung gegen Empfangsbestätigung bekannt zu machen.

Wird die Eröffnung an den amtsanwesenden Beschuldigten zu Protokoll bewirkt, so kann derselbe sofort seine Erkärung, ob er sich dem rentamtlichen Strafbescheide unterwerfe, oder Reklamation an die Regierungsfinanzkammer erhebe, oder auf gerichtliche Entscheidung antrage, zu Protokoll geben.

§ 9.

Verweigert der Beschuldigte die unterschriftliche Bestätigung der Eröffnung zu Protokoll, oder im Falle der Zustellung die schriftliche Bestätigung des Empfanges, so gilt der Strafbescheid als nicht erlassen. In diesem Falle, sowie dann, wenn der Beschuldigte innerhalb der gesetzlichen Frist bei dem Rentamte den Antrag auf gerichtliche Entscheidung stellt, sind die Akten, soferne nicht Anlaß gegeben ist, den Strafbescheid zurückzunehmen, worüber im Zweifelsfalle an die vorgesetzte Stelle zu berichten ist, der Staatsanwaltschaft am zuständigen Amtsgerichte zur Einleitnng des Strafverfahrens zu übersenden. Gleiches hat zu geschehen, wenn der Beschuldigte schon vor dem Erlasse des Strafbescheides gerichtliche Aburtheilung verlangte, ferner wenn der Strafbescheid weder schriftlich noch mündlich eröffnet werden kann, weil der Aufenthaltsort des Beschuldigten unbekannt ist.

§ 10.

Wird auf gerichtliche Entscheidung angetragen, außerdem aber wegen der Festsetzung der Steuer an die Regierungsfinanzkammer reklamirt, in welchem Falle die gerichtliche Entscheidung bis zur rechtskräftigen Feststellung der Steuer ausgesetzt zu bleiben hat, so ist hievon der Staatsanwaltschaft mit dem Antrage auf Aussetzung des Strafverfahrens Kenntniß zu geben, zu geeigneter Zeit aber die Fortsetzung des letzteren zu beantragen.

§ 11.

Hat der Beschuldigte innerhalb der vorgesteckten Frist beim Rentamte auf gerichtliche Entscheidung gegen den Strafbeschluß nicht angetragen und auch eine Reklamation an die Regierungsfinanzkammer nicht erhoben, so erlangt der Strafbescheid hinsichtlich der Strafvollstreckung und der Straffolgen die Wirkung eines rechtskräftigen Urtheils.

Die gleiche Wirkung tritt ein, wenn der Antrag des Beschuldigten auf gerichtliche Entscheidung von demselben noch vor dem Beginne der Hauptverhandlung zurückgenommen, ferner wenn eine gegen den Strafbescheid ergriffene Reklamation als unbegründet abgewiesen wird.

§ 12.

Im Betreffe der Wiedereinsetzung in den vorigen Stand gegen die Versäumung der Antragsfrist auf gerichtliche Entscheidung gegen einen Strafbeschluß finden die Bestimmungen des § 455 der Reichs-Strafprozeßordnung entsprechende Anwendung.

§ 13.

Die Vollstreckung der im Verwaltungswege erlassenen rechtskräftigen Strafbescheide erfolgt durch die Rentämter.

Bezüglich der Umwandlung der Geldstrafen in Freiheitsstrafen, dann bezüglich der Verjährung der Strafverfolgung und der Strafvollstreckung wird auf §§ 19, 21 und 22 der Bekanntmachung vom 17. v. M., Vorschriften über die Behandlung der Straffälle bei Zuwiderhandlungen gegen die Gesetze über die Grund-, Häuser-,

Gewerb-, Kapitalrenten- und Einkommensteuer betreffend (Fin.-Minist.-Bl. S. 276) hingewiesen.

§ 14.

Zur Umgangnahme von Strafeinschreitung wegen Geringfügigkeit der hinterzogenen Steuer oder Verletzung einer minder wichtigen Form sind die Rentämter nicht ermächtigt.

§ 15.

Hinsichtlich der Ausübung der in §§ 464 und 467 der Reichs-Strafprozeßordnung eingeräumten Befugnisse wird auf § 14 Abs. 2 und § 15 der vorerwähnten Bekanntmachung vom 17. v. Mts. (Fin.-Minist.-Bl. S. 274), dann § 17 der Anweisung zur Behandlung der Zoll- und Aufschlag-Strafsachen im Verwaltungswege vom 2. d. Mts. (Ges.- und Verordn.-Bl. S. 1395), ferner wegen der Gebührenpflicht des Strafverfahrens im Verwaltungswege auf die Art. 41ff des Gebührengesetzes vom 18. August l. J. sowie § 18 der allegirten Anweisung vom 2. d. Mts. hingewiesen.

§ 16.

Die in § 17 Abs. 2 und § 24 der mehrerwähnten Bekanntmachung vom 17. v. Mts. (Fin.-Minist.-Bl. S. 275 und 278) getroffenen Bestimmungen finden hier gleichmäßige Anwendung.

Alphabetisches Verzeichniß.

(Die Ziffern bedeuten die Seitenzahlen.)

A.

Abgaben, besondere für den G. i. U. 49 ff. — in einer unmittelbaren Stadt 49 — Ermäßigungen 49, 50 — Strafbestimmung 51.
Abgaben für den Marktverkehr 40.
Agenturen 12, 47.
Alter, hohes Steuerermäßigungsgrund 100.
Amerikanische Ueberraschungen 28.
Anbieten gewerblicher Leistungen 17 — Wandergewerbescheinpflicht 23 — im Marktverkehr 39 — Abgabenbefreiung 49 — Besteuerung 95, 97.
Ankündigungen öffentliche des G. i. U. 27 — der Wanderlager 27, 108.
Anmeldung zur Besteuerung 102, 107.
Antheilscheine auf Werthpapiere und Lotterieloose 25.
Antiquare 12.
Anwendung des Steuertarifs 99, 125.
Anzeige des Gewerbebetriebs 12, 47.
Apotheken 11.
Apothekerwaaren, den freien Verkehr überlassene 11.
Armenfond, Antheil an den Strafgeldern 110, 142.
Arzneimittel 11 — ausgeschlossen vom G. i. U. 25.
Aufkaufen von Viktualien 23 — Waaren 23 — durch Handlungs-Reisende 20.
Aufsuchen von Bestellungen 23 — auf Branntwein und Spiritus 20, 26 — Lotterieloose, Staats- und Werthpapiere 26 — durch Handlungs-Reisende 20 — von Darlehensgeschäften i. U. 26.
Auftraggeber, Bestrafung 110 — Haftung für Strafe und Kosten 110.
Auktionatoren, Besteuerung 107.
Ausdehnung des Wandergewerbescheines 23, 32 — für Ausländer 55.
Ausgeschlossene Waaren vom G. i. U. 24 ff.
Ausländer, Besteuerung 98, 123 — Gewerbebetrieb im Umherziehen 28, 55 ff. — Hausirhandel im Grenzzollbezirk 8 — Zulassung zum Gewerbebetrieb 7.
Ausspielung von Waaren 27.
Ausübung der Heilkunde im Umherziehen 26.
Auswanderungsagenten 11.
Auswanderungsunternehmer 11.

B.

Barbiere 16.
Bedürfnißfrage, Würdigung bei Ausstellung von Wandergewerbescheinen für die in § 55 Ziff. 4 der G.-O. bezeichneten Gewerbe 28 — für Ausländer 55.

Beeren, Feilbieten 31.
Begleiter 36, 37, 99, 104 — ausländischer Gewerbetreibender 56.
Beihilfe, strafbare 42 — der Gemeindebehörden zum Vollzuge des Gesetzes über die Besteuerung des G. i. U. 112, 151.
Bergwesen 11.
Bescheinigung der Steuerfreiheit 103.
Beschlagnahme der von Hausirern mitgeführten Gegenstände 111, 152.
Beschränkung des ambulanten Gewerbebetriebs 17 — Marktverkehrs 40, 41.
Bestellung „Begriff" 23.
Besteuerung des Gewerbebetriebs im Umherziehen 95.
Besteuerungsnachweis, Erholung 102 — Formular 148, 149 — Verbindung mit dem Wandergewerbeschein 133 ff.
Bestrafung des Auftraggebers 110.
Betreten fremder Häuser und Gehöfte 34.
Betriebsänderung, Einfluß auf die Besteuerung 135.
Betriebsanlage 99 — Schätzung zur Ermittlung derselben 106.
Betriebserweiterung, Steuernachholung 104.
Betten, gebrauchte, ausgeschlossen vom G. i. U. 24.
Bettfedern, gebrauchte, ausgeschlossen vom G. i. U. 24.
Bettstücke, gebrauchte, ausgeschlossen vom G. i. U. 24.
Bezugsscheine auf Werthpapiere und Lotterieloose, ausgeschlossen vom G. i. U. 25.
Bildwerke 19, 25.
Binnenlinie 8.
Blinde 29.
Blumen, Feilbieten 31.
Branntwein 26.
Bruchgold und Bruchsilber, ausgeschlossen vom G. i. U. 24.
Buchdrucker 12.
Buchhändler 12.
Butter 23, 31, 121.
Buttermärkte 41, 52.

C.

Carlsberg, Ausstellung von Wandergewerbescheinen an Hausirer von dort 36.
Constatirung der Abgabenbezahlung 51, 74, 82.

D.

Darlehensgeschäfte, Vermittlung im Umherziehen 26.
Deckung von Stuten im Umherziehen 27.
Deklamatorische Vorträge 14.
Distriktsumlagen 32, 111.
Dräumen von Seide ꝛc. 24.
Druckschriften, Aergerniß gebende 25 — Feilbieten am Wohnort 19 — im Umherziehen 19, 25 — Vertheilen, Anheften oder Anschlagen 19 — Vertheilen zu Wahlzwecken 19 — Vertrieb mit Prämien oder Gewinnen 25.
Druckschriftenverkäufer Anzeige des Betriebslokals 12.
Druckschriften-Verzeichniß 25, 34.
Duplikat für den Besteuerungsnachweis 104 — Wandergewerbeschein 35.
Dynamit, ausgeschlossen vom G. i. U. 25.

E.

Edelsteine, Verkauf durch Handlungsreisende 54, 97.
Eier 23, 31, 121.
Eisenbahn-Unternehmungen 11.
Enden aus Seide ꝛc. 24.
Entrichtung der Steuer 101.
Entscheidung, gerichtliche, Aussetzung wegen Reklamation 112, 154.
Erlaubniß, ortspolizeiliche, zum Betriebe der in § 55 Ziff. 4 der Gew.-Ordg. bezeichneten Gewerbe

33 — Feilbieten von Druckschriften 19 — geistigen Getränken 24 — Waaren bei öffentlichen Festen, Truppenzusammenziehungen rc. 30 — Bezug des Kirchweihmarktes 41.
Ertheilung des Wandergewerbescheines 35.
Erzeugnisse der Land- und Forstwirthschaft, des Garten- und Obstbaues, der Geflügel- und Bienenzucht, der Jagd und Fischerei 8, 30, 31, 94, 95, 98, 121.
Explosive Stoffe, ausgeschlossen v. G. i. U. 25.

F.

Familienangehörige, Besteuerung 99.
Fähren, öffentliche 11.
Feste, öffentliche, Feilbieten von Waaren mit Erlaubniß der Ortspolizeibehörde 30.
Feilbieten von Waaren im Umherziehen 22, 30, 95.
Festsetzung der Märkte 39 — Steuer 103, 105.
Feuerwerkskörper, verbotenes Hausiren 25.
Fische 31, 95.
Fischerei 11.
Fischmärkte 41, 52.
Fleischeinfuhr in den Gemeindebezirk 16.
Forstwirthschaftliche Erzeugnisse 8, 30, 31, 94, 95, 98, 121.
Frauen, Befugniß zum Gewerbebetrieb 11 — ehemännliche Genehmigung hiezu 12.

G.

Garnabfälle 24.
Gartenbau-Erzeugnisse 8, 30, 31, 94, 95, 98, 121.
Gauritt 27.
Gebrechen, körperliche, Steuerermäßigungsgrund 100.
Geflügel 30, 31, 54, 96, 121.
Geheimmittel, verbotenes Hausiren 25.
Geistesschwache 29.
Geistige Getränke, Feilbieten 17, 24, 32.
Gemeindediener, Controle der Hausirer 135, 151.
Gemeindeumlagen 32, 111, 136, 137, 141.
Gemüsemärkte 41, 52.
Gendarmerie, Controle der Hausirer 135, 151.
Genehmigung, ehemännliche zum Gewerbebetrieb 12.
Gesangsvorträge 14, 117, 118.
Gesellschaftsmitglieder 34, 35, 99, 119, 134.
Getränke, geistige 17, 24, 32.
Getreidemärkte 38, 52.
Gewerbe „Begriff“ 7, 12.
Gewerbebetrieb, Anzeigepflicht 12 — Art der Ausübung 7, 8 — der Ausländer 7, 28, 54 — Berechtigung 7 — Beschränkung des ambulanten 17 — Beschränkung auf Grund der Zoll-, Steuer- und Postgesetze 8 — im Grenzzollbezirk 8 — im Umherziehen 22 ff. — in der Wohngemeinde 16 ff.
Gewerbefreiheit 7.
Gewerbe-Legitimationskarte für ausländische Handlungsreisende 22, 57, 59, 62 — für Inländer 21, 22, 86, 89.
Gifte, verbotenes Hausiren 25.
Gifthaltige Waaren 25.
Glücksbuden 27.
Glücksspiel 27.
Goldwaaren 24, 54, 97.
Grenzzollbezirk 8 — Hausirhandel in demselben 8, 32.
Großjährigkeit 7, 28.

H.

Haftung des Auftraggebers für Strafe und Kosten 110 — der Beamten für die Steuerentrichtung 104.
Handlungsreisende, ausländische 22, 57 — Besteuerung 98, 124 ff.

— inländische 20 bis 22 — Gewerbe-Legitimationskarte 86, 89 — Steuerbefreiung 97.
Hausirhandel im Grenzzollbezirk 8 — an Sonn- und Feiertagen 34 — wandergewerbescheinfreier 30.
Hausiren am Wohnorte 24.
Heilkunde 11 — Ausübung im Umherziehen 26.
Heimarbeiter 12.
Hiebwaffen, verbotenes Hausiren 25.

J.

Jagd, Hausirhandel mit Erzeugnissen derselben 30, 31, 95, 98, 121.
Jahrmärkte 40, 52.

K.

Kameen, Verkauf durch Handlungsreisende 54, 97.
Kammerjägerei 23.
Kastriren von Hausthieren 23, 26.
Kesselflicken 23.
Kinder, Mitführen beim Gewerbebetrieb im Umherziehen 29, 37 — durch Ausländer 56.
Kirchweihmärkte 41, 52.
Kleider, gebrauchte, verbotener Hausirhandel 24.
Kollektiv-Wandergewerbescheine 34, 35, 134.
Komiker 15.
Konsumvereine 7.
Korallen, Verkauf durch Handlungsreisende 54, 97.
Korporationen, kaufmännische 8.
Kosten der Schätzungen 108, 131.
Kreisumlagen 32, 111.
Kunsthändler 12.
Kunstinteresse, höheres „Begriff“ 15.

L.

Landessteuern 32.
Landwirthschaft, Hausirhandel mit Erzeugnissen derselben 8, 30, 31, 54, 95, 98, 121.
Lebensmittel, frische 39.
Legitimationsschein zum Verkaufen, Vertheilen, Anheften oder Anschlagen von Druckschriften oder Bildwerken 19, 53.
Leihbibliothekare 12.
Leistungen, gewerbliche 17, 23, 30, 39 — Abgabenbefreiung 49 — Besteuerung 95, 97.
Lesekabinette 12.
Licitationsanstalten, Besteuerung 107.
Lotterieloose, verbotener Hausirhandel 25.
Lotterien 27.
Lumpensammler, Abgaben-Befreiung 49.

M.

Märkte 38 ff: — Einführung 52.
Marktordnung 40.
Markttage, Abänderung 52.
Marktverkehr 38 ff: — Steuerfreiheit 97, 98, 122.
Menschenhaare 24.
Milch, Verkehr mit derselben 31.
Militär-Musikkapellen 24, Steuerfreiheit 96.
Minderjährige 7 — Beschränkung des Gewerbebetriebs 28, 31, 33.
Mitführen des Besteuerungsnachweises 104 — des Wandergewerbescheines 33 — des Legitimationsscheines nach § 43 der G.-O. 19 — der Gewerbelegitimationskarte 21 — von Begleitern 36, 37, 56, 99, 104 — von Kindern 29, 37, 56.
Musikaufführungen am Wohnorte 15 — im Umherziehen 23 — Besteuerung 95, 96, 97, 122 — Steuerfreiheit 97.

N.

Nachtzeit, Beginn 34.
Näherinnen 12.
Niederlassung, Begriff der gewerblichen 16.

Normalanlage bei der Besteuerung 99, 114 ff.
Notariate 11.

O.

Obst 8.
Oele, leicht entzündliche, ausgeschlossen vom Hausirhandel 25.
Ort der Steuerpflicht 102.
Ortspolizeiliche Erlaubniß zum Betriebe der in § 55 Z. 4 der Gew.-Ordg. bezeichneten Gewerbe 33 — Feilbieten von Druckschriften 19 — geistigen Getränken 24 — Bezug des Kirchweihmarktes 41.

P.

Passionsvorstellungen 14.
Perlen, Verkauf durch Handlungsreisende 54, 97.
Petroleum, verbotenes Hausiren 25.
Polizeisoldaten, Controle der Hausirer 135, 151.
Polizeiverordnung, Beschränkung des Gewerbebetriebs 32.
Prämien 25.
Preßpolizei, Handhabung 19.
Preßpolizeiliche Erlaubniß zum Anschlagen oder unentgeldlichen Vertheilen von Plakaten 108.

R.

Reklamationsrecht gegen den rentamtlichen Strafbescheid 111.
Rekursrecht 38.
Rentamtsboten, Controle der Hausirer 135, 151.
Ringwurfspiel 24.
Rückvergütung der besonderen Abgaben 29, 50 — der Steuer 29, 105, 136, wegen Versagung des Wandergewerbescheines 103, von Wanderlagern 108.

S.

Sachverständige, Verpflichtung 131, 140.
Sänger, Besteuerung 117.
Saisongeschäfte 16, 138.
Saisontheater 119.
Sammeln von Lumpen 25.
Schätzung zur Ermittlung der Betriebsanlage 106, 130 — der Wanderlager 140.
Schauspiel, Begriff 13 — Polizei des Schauspielgewerbes 14.
Schauspielergesellschaften, Wandergewerbeschein 35, 134 — Besteuerung 95, 118, 122.
Schauspielunternehmer 13, 35.
Schaustellungen am Wohnorte 14, 15 — im Umherziehen 23 — Besteuerung 95.
Scheerenschleifer 23.
Schießpulver, verbotenes Hausiren 25.
Schmalz 23, 31, 121.
Schonzeit der Fische 31.
Schriftliche Anmeldung zur Besteuerung 130.
Schußwaffen, verbotenes Hausiren 25.
Schweinehandel 163 — Besteuerung 115.
Selbstgewonnene Erzeugnisse, Begriff 30 — Steuerfreiheit 95, 121.
Silberwaaren, verbotenes Hausiren 25 — Verkauf durch Handlungsreisende 54, 97.
Singspiele am Wohnorte 14 — im Umherziehen 23, 95.
Sonntagsfeier 34.
Spielkarten, verbotenes Hausiren 24.
Spiritus, feilbiten im Umherziehen 25 — Aufsuchen von Bestellungen 26.
Stellvertreter, Ausübung der Gewerbsbefugnisse 22.
Steindrucker 12.
Steuer, Gesetz über die Besteuerung des Gewerbebetriebs im Umherziehen 95 — rechnerische Behandlung 144.
Steuer-Ausschuß 105, 137.

Steuerermäßigungen 100 ff., 126 ff.
Steuerfreiheit 95, 96, 97 — Bescheinigung 103.
Steuerliste, Einträge 131, 132 — Formular 145.
Steuerminderung 135.
Steuerpflicht, Ort 102.
Steuertarif 114 ff. — Anwendung 125 ff.
Stimmzettel, Vertheilung 19.
Störarbeit 12.
Stoßwaffen, verbotenes Hausiren 25.
Strafbestimmungen zur Gewerbeordnung 41 ff. — zum Gesetze über die Besteuerung des Gewerbebetriebs im Umherziehen 109 ff. — hinsichtlich der besonderen Abgaben 51.
Strafverfahren bei Zuwiderhandlungen gegen das Gesetz über die Besteuerung des Gewerbebetriebs im Umherziehen 110 ff., 150 ff.
Stumme, Versagung des Wandergewerbescheines 29.

T.

Tanzunterricht 23.
Taschenuhren 24 — Verkauf durch Handlungsreisende 54, 97.
Taube, Versagung des Wandergewerbescheines 29.
Tauschhandel 23.
Theatereintrittskarten 18.
Theatralische Vorstellungen am Wohnorte 14, 15 — im Umherziehen 23, 95, 118, 122 — nicht gewerbsmäßige 14.
Topfbinden 23.
Truppenübungen, Feilbieten von Waaren 30.

U.

Uebertretungen 45.
Uhren 114 — Verkauf von Taschenuhren durch Handlungsreisende 54, 97.
Umlagenpflicht 32 — Ort 102.
Unterrichtswesen 11.
Untersagung des Gewerbebetriebs 18, 31.

V.

Verjährung der Strafverfolgung 42, 154.
Verlegung der Märkte 52.
Verpflichtung der Sachverständigen 131, 140.
Verrechnung der Strafen 142.
Versagung des Gewerbebetriebs 13, 14, 18, 19, 31 — des Wandergewerbescheines 28, 29, 38, 55 — der Gewerbelegitimationskarte 21.
Versicherungsunternehmer 11.
Versteigerung von Waaren 27.
Verzeichniß der ertheilten Gewerbelegitimationskarten 86, 93 — der Legitimationsscheine zum Feilbieten 2c. von Druckschriften 2c. 48, 53 — der ertheilten und ausgedehnten Wandergewerbescheine 87, 94.
Viehhandel, Besteuerung 96.
Viehmärkte 41, 52.
Viehzucht, Erzeugnisse 31, 121.
Vollzugsbestimmungen zur Gewerbeordnung 47, 54, 85 — zum Gesetze über die Besteuerung des Gewerbebetriebs im Umherziehen 120, 150.
Vorstellungen, theatralische am Wohnorte 14, 15 — im Umherziehen 23, 95, 118, 122 — nicht gewerbsmäßige 14.
Vorträge, religiöse 23 — wissenschaftliche 23.
Vorverkauf auf Märkten 40.

W.

Waaren, Hausiren mit selbstverfertigten 30.
Waarenbestellungen, Aufsuchen durch Handlungsreisende 20—22, 57 — durch Hausirer 23, 26.
Wäsche, gebrauchte, verbotenes Hausiren 24.

Wandergewerbeschein, Ausdehnung 23, 32, 55 — Ausstellung 32, 35, 55 — Ausstellung oder Ausdehnung für den Grenzzollbezirk 8 — gebühren- und abgabenfreie Ausstellung 32 — Formulare 58, 61—84 — Versagung 28, 29, 55 — Zurücknahme 29, 55.
Wandergewerbescheinpflicht 16, 22, 23, 54.
Wanderlager, Besteuerung 106 — Betriebsanmeldung 107, 137 — Bezeichnung des Inhabers durch Aushang 27 — Erlaubniß des Hauptzollamtes im Grenzbezirk 8 — Wandergewerbescheinpflicht 16, 23.
Weihnachtsmärkte 41, 52.
Werthpapiere, verbotenes Hausiren 25 — Bestellungsuchen 26.
Wild, Feilbieten im Umherziehen 31.
Wirthschaftsräume, Benützung zu theatralischen Vorstellungen 14.
Wochenmärkte 39, 52.
Wochenmarktverkehrs-Gegenstände 39.
Wohnort, Begrenzung 23, 95.

Z.

Zahntechniker 26.
Zigeuner, Ausstellung von Wandergewerbescheinen 28, 55.
Zuchthengsten 27.
Zurücknahme der Ausdehnung 32, 56 — des Wandergewerbescheines 29, 35, 38, 55 — der Gewerbe-Legitimationskarte 21.

Nachtrag.

Bekanntmachung des Kgl. Staatsministeriums des Innern vom 14. Februar 1890, Maßregeln gegen die Maul- und Klauenseuche betreffend.

(Gesetz- und Verordnungsblatt 1890 S. 101.)

Im Interesse der wirksameren Bekämpfung der Maul- und Klauenseuche werden auf Grund des § 1 der vom Bundesrathe zur Ausführung des Reichsgesetzes vom 23. Juni 1880, betreffend die Abwehr und Unterdrückung von Viehseuchen, erlassenen Instruktion vom 12 März 1881 bis auf Weiteres nachstehende Anordnungen getroffen:

Bei dem Handel mit Schweinen im Umherziehen müssen die Führer oder Treiber der Schweine mit einem thierärztlichen Zeugnisse über den seuchefreien Zustand der Thiere versehen sein.

Der Ausstellung des Zeugnisses hat eine gründliche Untersuchung jedes einzelnen Thieres vorauszugehen.

Im Zeugnisse müssen Zahl und Race, sowie annähernd das Alter der Thiere angegeben und muß ausdrücklich bemerkt sein, daß die vorgeschriebene Untersuchung stattgefunden hat.

Das Zeugniß, welches auf Verlangen den polizeilichen Organen vorzuzeigen ist, hat nur eine Giltigkeit von 5 Tagen und muß nach Ablauf dieser Frist erneuert werden.

Vorstehende Bestimmungen treten mit dem 1. März ds. Js. in Wirksamkeit.

FSC
www.fsc.org
MIX
Papier | Fördert
gute Waldnutzung
FSC® C083411

Kolibri 360 GmbH
Ferdinand-Jühlke-Straße 7
99095 Erfurt, Deutschland
produktsicherheit@kolibri360.de